8 9 10 11 12 13 14 15

CASTEL DEL MONTE

Un rêve de marbre gothico-arabe

ITALIE
EUROPE

1240

Octogone parfait revêtu de marbre blanc, œuvre d'un passionné de géométrie, Frédéric II de Hohenstaufen, Castel del Monte dans les Pouilles est à la fois une forteresse et une structure idéale fondée sur le chiffre 8 : 8 côtés, 8 tourelles octogonales, 8 chambres par étage, une cour elle aussi octogonale...

CARCASSONNE

Une cité forte exemplaire

FRANCE
EUROPE

XIIe-XIIIe s.
restaurée de 1851 à 1910

La « plus belle enceinte du Moyen Âge en France » a été sauvée par les restaurateurs du XIXe siècle. La cité de Carcassonne est un rêve pour les amateurs d'architecture médiévale, tout y est, sur 9 hectares : murailles, chemin de ronde, glacis, tours, meurtrières, mâchicoulis...

LA TOUR DE LONDRES

Le cœur de l'Angleterre

GRANDE-BRETAGNE
EUROPE

XIe-XIIIe s.

Guillaume le Conquérant, vainqueur du roi Harold, signe avec la tour Blanche la première construction normande en terre anglaise. Ce symbole politique, haut lieu de l'histoire d'Angleterre, sera peu à peu enserré dans tout un système de défense, adossé à la Tamise.

CAERPHILLY

Démonstration de force des Normands

GRANDE-BRETAGNE
EUROPE

1268-1271

Entre ciel et eau, d'impressionnantes ruines qui auraient pu abriter les chevaliers du roi Arthur. Au XIIIe siècle, le comte anglo-normand Gilbert de Clare avait protégé Caerphilly d'abord par un lac artificiel, puis par un système de mise en eau de toute la zone comprise entre le château et son enceinte.

PARAMONGA

La « porte du royaume chimú »

PÉROU
AMÉRIQUE DU SUD

XIIIe-XIVe s.

Avec de la brique crue – ou adobe –, les Chimús, dernier grand peuple du Pérou avant les Incas, avaient élevé la place forte de Paramonga qui barrait l'étroite bande de terre fertile entre l'Océan et les Andes. Outre ce puissant bastion, les Chimús se protégeront plus au nord avec un long mur de 65 km, jalonné de 50 forteresses.

DUBROVNIK

Entre Venise et l'Orient, un bastion maritime

CROATIE
EUROPE

XIIIe-XIVe s.

Citadelle sur l'Adriatique, montant la garde sur cette mer intérieure que les Vénitiens se sont appropriée, Dubrovnik participe au commerce avec l'Orient. Sa longue histoire, faite aussi d'échanges avec l'intérieur des terres, peut se lire dans les riches monuments qui s'étagent du roman au baroque.

MALBORK

Place forte des chevaliers Teutoniques

POLOGNE
EUROPE

XIIIe-XIVe s.

Membres d'un ordre hospitalier et militaire allemand, dont la mission est de convertir les Slaves, les chevaliers Teutoniques fondent dans le nord-est de l'Europe un État théocratique. Malbork en devient la capitale : la forteresse s'agrandit et s'enrichit, créant un style gothique germanique, caractérisé par l'usage de la brique.

ALMODÓVAR DEL RIO

Des Maures aux chrétiens un château andalou

ESPAGNE
EUROPE

1362
restauré dès 1902

Château arabe repris par les rois catholiques, Almodóvar est un exemple de l'art mudéjar. Restauré au début du siècle dernier avec ses donjons carrés, sa double enceinte, ses créneaux et merlons, il s'élève sur sa butte tel un magnifique déco de cinéma : pas une pierre ne manque !

NOTRE HISTOIRE LUE DU CIEL

Cet ouvrage a bénéficié du soutien d'Air France

ISBN : 2-74-241767-2
Numéro d'édition : 16048
Dépôt légal : mars 2006
Imprimé en Italie par Editoriale Lloyd

SOMMAIRE

CITADELLES & FORTERESSES

Henri Stierlin

GALLIMARD

24 25 26 27 28 29 30

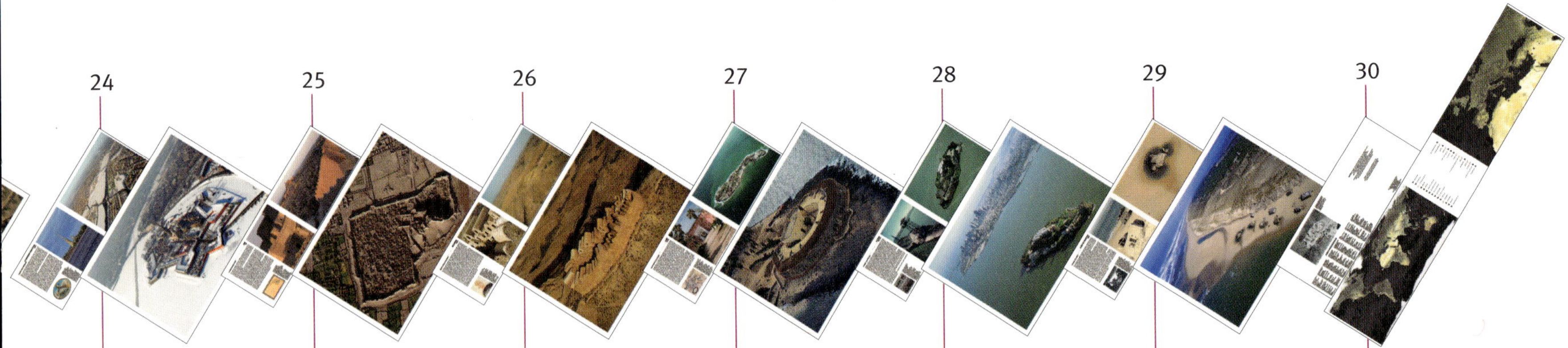

LA FORTERESSE PIERRE-ET-PAUL

Le berceau de Saint-Pétersbourg

RUSSIE
EUROPE

1703

Au fond du golfe de Finlande, une ville née de la volonté d'un tsar et, pour la défendre, une forteresse bâtie dans les meilleures règles européennes de son temps. Construite sur un îlot, elle est reliée à la ville par deux ponts sur la Neva. Haut lieu de l'histoire russe pour le meilleur et pour le pire.

BAM

La grande forteresse de terre

IRAN
MOYEN-ORIENT

XVIIe-XVIIIe s.

À l'est de l'Iran, une oasis et un relais de caravanes. Des murs épais, des tours, percés de meurtrières, qui semblent imprenables. C'est en fait un chef-d'œuvre de l'architecture de terre, maintes fois détruit – par Gengis Khan, par Tamerlan – et aussi vite relevé. En 2003, un séisme a fait tomber la citadelle. Sera-t-elle relevée une fois encore ?

MOURABTINE

Greniers fortifiés du Sud tunisien

TUNISIE
AFRIQUE DU NORD

XVIIIe-XIXe s.

Les sociétés berbères semi-nomades du Maghreb protégeaient leurs hommes dans des *ksour* et leurs récoltes dans des *ghorfas* – greniers fortifiés. Celui de Mourabtine est une étonnante forteresse de terre, faite de bâtiments dotés de voûtes et assemblés autour d'une cour centrale.

GORÉE

Un fort témoin de la colonisation

SÉNÉGAL
AFRIQUE

XIXe s.

Les côtes de l'Afrique étaient parsemées de forts européens. Autant d'étapes dans la prise de contrôle du continent pour lui arracher sa plus grande richesse : ses hommes. Gorée était l'un des centres du commerce des esclaves qui, du XVIe au XIXe siècle, a déporté onze millions d'Africains vers l'Amérique.

ALCATRAZ

La sinistre « île aux Pélicans »

ÉTATS-UNIS
AMÉRIQUE DU NORD

XIXe-XXe s.

Au large de la baie de San Francisco, Alcatraz, tout d'abord fort de garnison, puis prison militaire, devint, en 1934, le pénitencier fédéral de haute sécurité le plus dur des États-Unis : une forteresse dont, cette fois, nul ne devait sortir !

LE MUR DE L'ATLANTIQUE

Les bunkers du Cap-Ferret

FRANCE
EUROPE

1942-1944

Pour protéger les conquêtes du régime nazi, 15 000 ouvrages, entre 1942 et 1944, sont édifiés par l'armée allemande sur 5 000 km de littoral entre la mer du Nord et l'Atlantique : ceux du Cap-Ferret, désormais écroulés au pied de la dune, n'offrent plus qu'une image pathétique de force inutile.

PLANISPHÈRE

D'une échelle à l'autre

Avec les cerfs-volants, les ballons et les hélicoptères, on survole les monuments et les sites à quelques dizaines de mètres ; avec l'avion, l'altitude se compte en kilomètres ; avec le satellite, il s'agit de milliers de kilomètres. La photo aérienne bénéficie aujourd'hui de toutes ces possibilités pour révéler les multiples formules de fortifications et de défense inventées aux cours des temps.

16 17 18 19 20 21 22 23

HAUT-ŒNIGSBOURG

tendard des princes germaniques

FRANCE
EUROPE

XVe s.
tauré de 1901 à 1908

 Alsace, au cœur de orêt vosgienne, vaste orteresse agrippée la roche autour de n donjon, culminant à 757 m au-dessus e la plaine, le Haut-nigsbourg est le type même du château nédiéval et l'un des mieux restaurés.

SACSAHUAMÁN

Bastions incas en sentinelle au-dessus de Cuzco

PÉROU
AMÉRIQUE DU SUD

vers 1438

Triple enceinte infranchissable protégeant Cuzco, Sacsahuamán est faite de blocs parfois hauts de 4,8 m et de plus de 40 t, s'ajustant les uns avec les autres comme les pièces d'un puzzle géant : une impressionnante démonstration de la technique de construction des Incas.

SALSES

Un nouveau type de fortification

FRANCE
EUROPE

1497

Édifiée par les Espagnols pour se protéger des Français, Salses est une forteresse moderne : une structure rigoureusement géométrique, des maçonneries démesurément épaissies pour faire face à la mine explosive et au boulet métallique, et enfoncée dans le sol de manière à occulter aux canons la base de ses murs.

HIMEJI

La demeure retranchée des shoguns

JAPON
ASIE

XVIe-XVIIe s.

Château fort à la silhouette de pagode, élevé au moment où les armes à feu arrivent au Japon, Himeji est un chef-d'œuvre de l'art militaire : énorme soubassement en pierre, donjon protégé par un labyrinthe de murs d'enceinte, de cours, de poternes, de courtines, dont la puissance a dissuadé toute attaque.

CASTEL SANT'ANGELO

Mausolée-forteresse

ITALIE
EUROPE

IIe et XVIe s.

Mausolée de l'empereur Hadrien, bastion de l'enceinte d'Aurélien, refuge lors des grandes invasions, cet édifice devient, au XVIe siècle, le château Saint-Ange, une véritable place forte aménagée par Francesco Laparelli, meilleur architecte-urbaniste de son temps, pour le pape Pie IV et ses successeurs.

LA VALETTE

Défense de la chrétienté

MALTE
EUROPE

1566-1571

Les chevaliers de Malte, retranchés dans leur île de la Méditerranée, veulent être invincibles. Leur grand maître, Jean Parisot de La Valette, fait appel à Laparelli, et, ensemble, ils font surgir, en 5 ans et avec l'aide de 8 000 hommes, la cité de La Valette, dont les exceptionnelles fortifications les protégeront des Turcs.

BLAYE

Une citadelle type de Vauban

FRANCE
EUROPE

XVIIe s.

Face à la toute-puissance de l'artillerie et aux mines, les forteresses continuent de s'adapter. Épais talus de terre à la base des murs pour absorber le choc du boulet métallique, bastions avancés pour surveiller et défendre le pied des remparts des bastions voisins... : Blaye illustre parfaitement les innovations de Vauban.

AMBER

Forteresse et palais des rajas

INDE
ASIE

XVIe-XVIIIe s.

Un palais-forteresse en trois parties : en haut, le fort de Jaigarh monte la garde ; au centre, ceint de murailles, le palais est une succession de cours, de terrasses, de jardins, de salles d'apparat ; en bas, un lac artificiel sur lequel est aménagé un jardin d'agrément. Le mode de vie des Grands Moghols copié par leurs vassaux, les maharajas.

MYSTÉRIEUX FORT PRÉHISTORIQUE **IRLANDE**

Dùn Aengus, le plus beau des forts préhistoriques irlandais, est édifié sur Inishmore, principale île de l'archipel d'Aran, qui se dresse à l'entrée de la baie de Galway. Sur ce plateau nu de 1 500 m de long sur 400 m de large, au sommet d'une falaise haute de 87 m plongeant dans l'Atlantique, une série d'enceintes de pierres sèches dessine des courbes harmonieuses. La vue aérienne révèle que l'ouvrage est incomplet : la falaise a été en effet rongée par la houle de l'océan...

L'enceinte intérieure, formant aujourd'hui un demi-ovale, est la plus massive : 4,9 m d'épaisseur pour 5,8 m de hauteur. Elle englobe un terrain de 5 ha, sur lequel subsiste une plate-forme centrale. Une porte basse s'ouvre vers le nord-ouest. Au-delà, a été élevée une deuxième enceinte, en partie dédoublée au sud-ouest. Puis, derrière une large bande de terrain parsemée de blocs dressés en chevaux de frise, la plus longue des trois murailles, ceignant une vingtaine d'hectares, complète le système défensif.

Le site de Dùn Aengus n'a pas été fouillé par les archéologues, il est donc difficile d'en dater les vestiges. Certainement pas antérieurs à la fin de l'âge du bronze, ils sont plus sûrement de l'âge du fer celtique (vers 700 avant notre ère), voire seulement du Ier siècle avant notre ère. Était-ce vraiment une fortification gardant le golfe de Galway ? Dùn Aengus avait-il une signification religieuse ? Une chose est certaine : il s'inscrit dans tout un mouvement de constructions édifiées de la fin du néolithique jusqu'à la fin de l'âge du fer en Europe, qui attestent la présence de civilisations développées. L'exploitation et le commerce de l'étain, indispensable à l'industrie du bronze, furent le moteur économique des peuples anglo-irlandais de l'époque.

À GAUCHE, BOUCLIER CELTIQUE IRLANDAIS EN BRONZE.
CI-CONTRE, LA FALAISE D'INISHMORE QUE COIFFE LA FORTERESSE DE DÙN AENGUS.
À DROITE, LES DEUX PREMIÈRES MURAILLES RÉALISÉES EN TALUS DE PIERRES, DANS LESQUELS S'OUVRENT DE PETITES PORTES EN CHATIÈRES.
EN DÉPLIANT, LES TROIS ENCEINTES SUCCESSIVES DOMINENT L'OCÉAN. LES CHEVAUX DE FRISE (BLOCS DRESSÉS DE 1 M DE HAUT), UTILISÉS COMME DÉFENSE, SONT CLAIREMENT VISIBLES À GAUCHE, ENTRE LES DEUX DERNIÈRES MURAILLES.

En Béotie et en Attique, toute une chaîne de forteresses de la Grèce classique (Ve-IVe siècle avant notre ère) monte la garde sur les routes menant à Athènes. Celle d'Ægosthène, au fond du golfe de Corinthe, s'opposait à toute menace de débarquement. Elle est quasiment intacte, hormis les murs qui descendaient jusqu'à la mer. Sa principale tour de vigie et les tours saillantes qui jalonnent son enceinte se dressent sur le roc. Il ne leur manque que les étages de bois et les charpentes des toitures.

Construits en assises régulières au moyen de gros blocs à joints vifs et à bossages, ces ouvrages militaires – Eleuthère, Phylé, Rhamnonte, ainsi que l'enceinte de Messène, au sud du Péloponnèse, longue de 9 km – présentent des murs de 1,8 à 3 m d'épaisseur qui ont survécu à plus de deux millénaires. Curieusement, cette architecture militaire mise en œuvre dans la lutte opposant Thèbes, Athènes et Sparte n'a guère retenu l'intérêt des archéologues et des touristes. Elle est restée totalement abandonnée et ses beaux matériaux n'ont pas fait l'objet de remplois systématiques. Cela nous vaut de retrouver encore en place, en pleine nature, les murailles, les chemins de ronde, les poternes, les créneaux avec leurs merlons. Parfois subsistent de puissantes portes défendues par une cour ronde entourée de hauts murs, d'où les défenseurs décochaient leurs flèches sur les assaillants.

Cet art de la poliorcétique des Grecs (art d'assiéger et de prendre les villes, et de concevoir les méthodes et les équipements servant à donner l'assaut), qui tire parti de tous les éléments de la topographie, illustre, autant que le Parthénon, l'habileté et la perfection de la civilisation hellénique.

À GAUCHE, SCÈNE DE BATAILLE SUR UN VASE GREC, VERS 460 AVANT NOTRE ÈRE.
CI-CONTRE, LA TOUR PRINCIPALE D'ÆGOSTHÈNE EST INTACTE. LE BOSSAGE DES BLOCS CONTRASTE AVEC LE JOINTEMENT MINUTIEUX DE L'APPAREIL. DES TROIS FENÊTRES EN HAUT, LES BALISTES (MACHINES DE GUERRE) LANÇAIENT LEURS TRAITS SUR LES ASSAILLANTS.
À DROITE, DOMINANT LE GOLFE DE CORINTHE, LA FORTERESSE DU IVE SIÈCLE AVANT NOTRE ÈRE.
EN DÉPLIANT, LES MURAILLES D'ÆGOSTHÈNE, ANCIENNE CITÉ DE GARNISON.

« Le long mur des dix mille li » — Chine

Aussi haut que remonte le témoignage de l'histoire, l'antagonisme entre peuples sédentaires et nomades a suscité guerres, razzias, invasions et bouleversements. Très tôt, en Chine, les enceintes des villes, puis les passes fortifiées des États ou des empires tentent de mettre les populations autochtones, leurs terres et leurs récoltes, à l'abri des éleveurs nomades des steppes de Mongolie et d'Asie centrale. Ainsi, dès le Ve siècle avant notre ère, l'époque des Royaumes combattants, les souverains font construire des murailles pour contenir les vagues d'envahisseurs « barbares » venus du nord. Et au IIIe siècle avant notre ère, dans l'empire unifié des Han, trois cent mille hommes travaillent durant dix ans à édifier un mur gigantesque. Mais le danger revient sans cesse, et la « frontière » de l'empire se déplace, entraînant la construction de nouvelles murailles et l'abandon des tronçons parallèles inutilisés.

Au total, en deux mille ans, la Chine a construit 12 700 km de murs qui protègent en fait une ligne de 1 500 km, de la rive maritime, près de Beijing (Pékin) à l'est, jusque dans la région des grottes bouddhiques de Jiu Quan, sur le fleuve Jaune, au pied du massif des monts Lian Shan à l'ouest. La plus grande partie est un chef-d'œuvre de 7 à 8 m de haut, de 6,5 m de large à la base et de 5,8 m au couronnement. Des portes monumentales, des casemates, des postes de vigie d'où les sentinelles envoyaient des signaux optiques, des relais jalonnent ce mur, dont le faîte peut d'ailleurs se muer en voie de communication dans les régions montagneuses. Dans la steppe, certains tronçons se bornent à une simple levée de terre. Cette formidable entreprise, vraiment surhumaine, symbolise durant toute l'histoire de la Chine sa puissance millénaire.

À gauche, archer en terre cuite du tombeau du Premier Empereur, qui, en 220 avant notre ère, fit construire le premier ensemble continu de murailles.
Ci-contre, l'extrémité orientale de la Grande Muraille, baignée par les eaux du golfe de Corée.
À droite, près de Pékin, d'impressionnantes portions de la Muraille relevées sous les Ming.
En dépliant, la Muraille servant de route court à l'infini sur la ligne de crête.

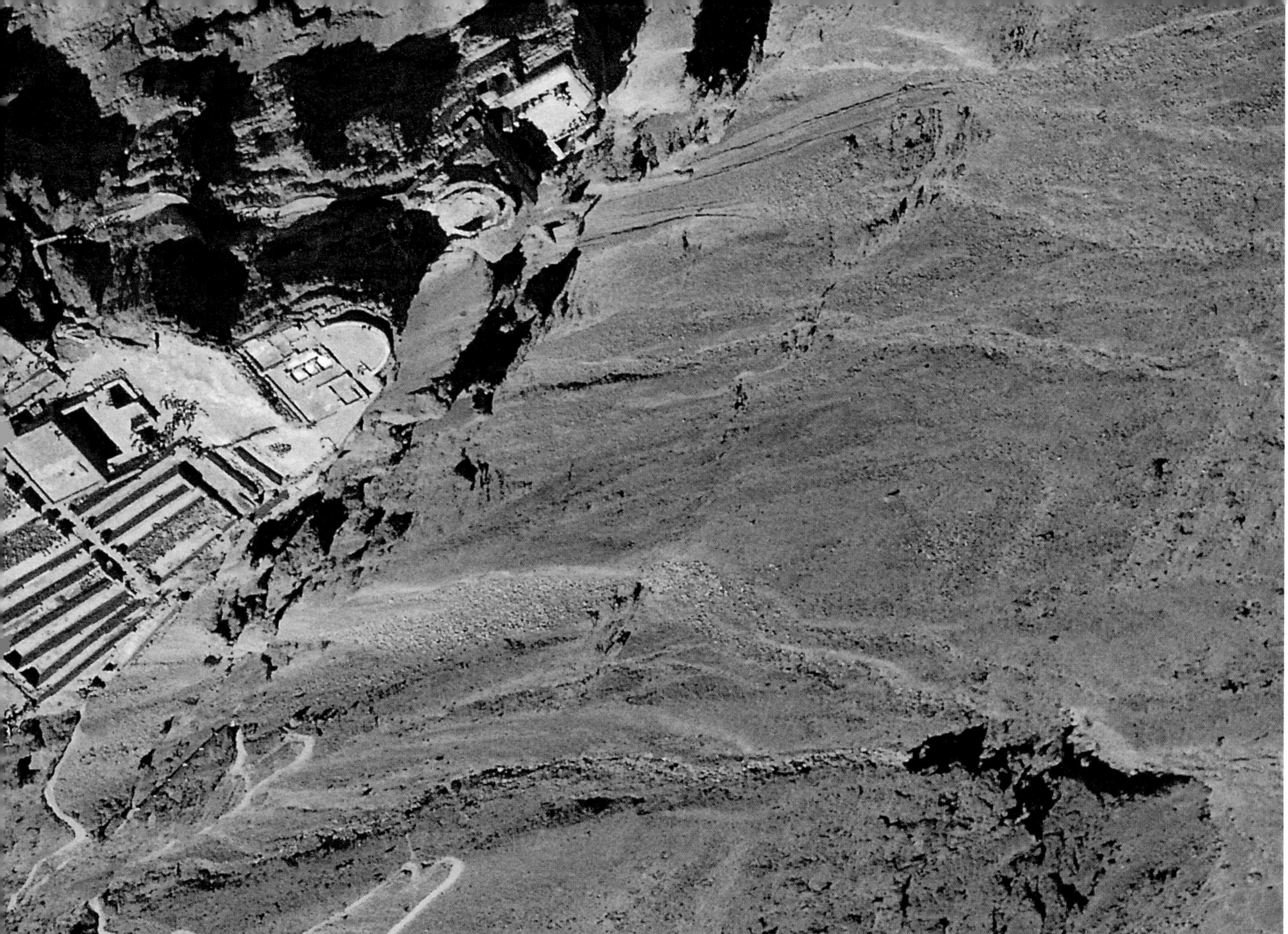

MASADA

SYMBOLE DE LA RÉSISTANCE JUIVE **ISRAËL**

Dans le désert de Judée, près de la mer Morte, le site de Masada se déploie sur un plateau tabulaire de 600 m de long sur 300 m de large, bordé par des falaises à pic, hautes de 75 à 100 m, qui forment ses défenses naturelles. À 50 km à vol d'oiseau au sud de Jérusalem, ce refuge isolé était, selon l'historien juif Flavius Josèphe (Ier siècle de notre ère), le point de ralliement des adeptes du grand prêtre Jonathan, chef des Maccabées, au IIe siècle avant notre ère.

Puis le grand bâtisseur Hérode (40-4 avant notre ère) en fait l'une de ses résidences fortifiées. Masada doit offrir au souverain un abri lors des soudaines révoltes du peuple juif. Aussi conçoit-il, sur la face nord de l'éperon rocheux, une étrange villa-palais de style romain, s'étageant sur trois niveaux, reliés par des escaliers abrupts et, sur le plateau supérieur, un second palais, plus vaste, comportant des cours et une salle du trône.

En 66 de notre ère, Rome doit faire face à une importante révolte juive. Ironie du destin, elle part de Masada dont s'est emparé un groupe d'insurgés juifs, les zélotes. Pour mater le soulèvement, Titus, fils de l'empereur Vespasien, se résout, en 70, à détruire le Temple de Jérusalem. Dès lors, Masada, dernière forteresse à tenir, joue le rôle de haut lieu de la résistance juive. Pour liquider cet îlot d'insubordination, le gouverneur romain Flavius Silva décide en 73 d'investir la citadelle avec toutes les forces de la Xe légion. Ses ingénieurs créent une colossale rampe artificielle de cailloutis, depuis la base de la falaise, pour hisser une tour roulante en bois, capable de bombarder les assiégés au sommet. Ceux-ci, voyant qu'ils ne pourront tenir, se suicident tous, soit neuf cent soixante hommes, femmes et enfants, immolés à l'exemple de leur chef, Eléazar ben Yair.

À GAUCHE, RELIEF DE L'ARC DE TITUS À ROME FIGURANT LE CHANDELIER À SEPT BRANCHES PRIS À JÉRUSALEM.
CI-CONTRE ET À DROITE, L'IMPRESSIONNANT SITE DE MASADA DANS LE DÉSERT.
EN DÉPLIANT, L'ÉPERON NORD ET SA VILLA-PALAIS ÉTAGÉE : EN BAS, LA SALLE À PORTIQUES ; AU MILIEU, LA *THOLOS* RONDE ; EN HAUT, UNE TERRASSE AVEC UN PALAIS ; SUR LE SOMMET, DES MAGASINS ET DES THERMES ALIMENTÉS PAR DES CITERNES ; À DROITE, LE HAUT DE LA RAMPE ÉDIFIÉE PAR LES ROMAINS.

ZENOBIA

REMPART BYZANTIN SUR L'EUPHRATE **SYRIE**

La cité forte de Zenobia (Halebiyé), sur la rive droite de l'Euphrate, en Syrie, doit son nom à la reine Zénobie de Palmyre (266-272 de notre ère) qui y édifie un fort pour rendre sûres les voies du commerce Orient-Occident. L'empereur romain Dioclétien en renforce les structures. Les Byzantins l'intègrent ensuite à la ligne de défense mise en place pour contenir l'expansion des Sassanides de Perse. Et c'est l'empereur Justinien qui, vers 550 de notre ère, la transforme en un puissant dispositif défensif en développant, sur la rive droite du fleuve, le site d'origine, et en construisant sur la rive gauche, un peu en aval, une autre forteresse, nommée Zalabiya, moins spectaculaire. Cet ensemble militaire a pour mission de retenir les assauts du souverain sassanide Khosroès Ier ; néanmoins, en 610, la forteresse tombe aux mains de Khosroès II, qui la détruit.

Zenobia s'appuie sur un piton rocheux qui domine le site. Deux murailles en descendent vers le fleuve, formant ainsi avec la rive un vaste triangle : 400 m pour le côté longeant le fleuve, 550 m pour la muraille sud jalonnée de onze tours carrées, et 350 m pour la muraille nord, comportant sept tours carrées et un *praetorium* massif à trois étages, aux superbes salles voûtées et superposées, destiné aux casernements de la troupe.

La citadelle proprement dite est installée sur le piton et ceinte d'un fossé. À l'intérieur de l'espace triangulaire des murailles, la petite ville de garnison présentait une avenue à colonnades bordant un forum, deux basiliques et des thermes. La route militaire reliant Circesium à Alep et qui longe la rive droite du fleuve traverse deux portes fortifiées, disposées dans la partie basse.

À GAUCHE, MONNAIE D'OR DE L'EMPEREUR JUSTINIEN.
CI-CONTRE, LE *PRAETORIUM* PRÉCÈDE LA CITADELLE.
À DROITE, SUR UNE ÉMINENCE NATURELLE ET CEINTE D'UN FOSSÉ, LA CITADELLE EST TRANSFORMÉE À L'ÉPOQUE ARABE ET DOTÉE D'UN DONJON, MAINTENANT RUINÉ.
EN DÉPLIANT, ZENOBIA ENFERMAIT DANS SES 12 HA TOUS LES AMÉNAGEMENTS URBAINS ANTIQUES : À L'EST, SUR LE BORD DE L'EUPHRATE, LA ROUTE MILITAIRE ; AU CENTRE, LES VESTIGES D'UNE BASILIQUE.

KRAK DES CHEVALIERS

CHEF-D'ŒUVRE DES CROISÉS EN ORIENT — SYRIE

Entre la côte méditerranéenne et la ville de Homs, en Syrie, existait une forteresse kurde. Lors des croisades, en 1142, Raymond II, comte de Tripoli, fit don de ce site, qui contrôlait l'accès à la plaine de la Bekaa, aux chevaliers Hospitaliers. Ce sont eux qui érigèrent le Krak des Chevaliers, l'un des plus puissants châteaux des croisés. Ils mirent en œuvre toutes les ressources des techniques de défense dans cette énorme forteresse, qui sut résister à plusieurs assauts des forces musulmanes.

Couronnant une colline naturelle aux flancs abrupts, le Krak, qui mesure 200 m de long sur 120 m de large, présente une double enceinte jalonnée de bastions semi-circulaires. On y accède par une porte à l'est, conduisant à une rampe voûtée que dominent des postes de garde. Après une montée rectiligne de 90 m de long, la voie souterraine fait un coude et repart vers le nord sur 50 m. Elle passe alors sous l'enceinte du château central pour émerger, après un nouveau coude, dans la grande cour à deux niveaux. Cette partie centrale de 110 m sur 60 m, ceint d'épaisses murailles dotées de glacis (talus incliné) et de douves, réunit la salle des Chevaliers, l'église et plusieurs tours, le tout de style gothique.

Comme la plupart des places fortes d'Orient, le Krak a subi des transformations après être tombé aux mains des Arabes en 1271 : les mamelouks du Caire y ajoutèrent des tours d'enceinte et des barbacanes, qui renforçaient encore ce chef-d'œuvre de l'architecture militaire. Ainsi le Krak des Chevaliers n'est pas seulement le symbole des Hospitaliers en Terre sainte, il conjugue aussi le génie gothique des architectes de l'ordre chrétien avec celui de ces grands bâtisseurs qu'étaient les mamelouks.

À GAUCHE, SCÈNE DE BATAILLE ENTRE ARABES ET CROISÉS.
CI-CONTRE, ALIMENTÉ PAR UN AQUEDUC, LE KRAK DISPOSE D'UNE DOUVE EN EAU QUI PROTÈGE LE GLACIS ENTOURANT LE CORPS CENTRAL.
À DROITE, À 750 M D'ALTITUDE, LA FORTERESSE DOMINE LA RÉGION.
EN DÉPLIANT, ON ACCÈDE AU KRAK PAR UNE ENTRÉE À L'EST (EN HAUT). AU CENTRE, LA COUR HAUTE (À GAUCHE) ET LA COUR BASSE, SUR LAQUELLE DONNENT LA GRANDE SALLE (À L'OUEST) ET LA CHAPELLE (AU NORD-OUEST).

LA CITADELLE D'ALEP

D'ABRAHAM AUX MAMELOUKS, UN REFUGE NATUREL — SYRIE

Au nord de la Syrie, la cité d'Alep s'est créée, dès l'époque préhistorique, autour d'une acropole en tronc de cône dominant la région. Ses pentes ont été progressivement régularisées de main d'homme au point de ressembler à un glacis artificiel. Sur ce massif de plan ovale, des tribus semi-nomades se sont établies, cherchant la sécurité que leur apportait ce site naturellement défendu. Abraham, de passage avec ses troupeaux, y aurait séjourné, selon la Bible.

Les premières fortifications remontent à l'âge du bronze, puis sont consolidées durant l'Antiquité. L'enceinte sommitale que protège son glacis date des Byzantins, qui la jalonnent de tours en avancée. À la période islamique, au XIIe siècle, la muraille de cette puissante forteresse sera renforcée par l'Ayyoubide Zahir al-Ghazi, frère de Saladin. Puis, après le passage des Mongols qui la ravagent en 1258, elle est relevée par les mamelouks du Caire en 1292. Ce sont eux qui construisent la poterne avancée, les casemates dans la pente et le pont incliné, dont le tablier forme une rampe qui donne accès à la formidable tour dotée de mâchicoulis. Derrière cette entrée majestueuse, des couloirs souterrains montent par paliers jusqu'au plateau supérieur, où se dressent, hors d'atteinte, palais et mosquées.

Ce système de défense savant conjugue toutes les ressources techniques de l'art militaire des croisés et des Arabes. Ruinée par Tamerlan au XIVe siècle, la citadelle sera restaurée pour abriter le siège du gouverneur et pour donner un refuge aux habitants de la ville basse en cas de guerre.

À gauche, baliste dite « Tour de l'Arbalète » dans un manuscrit arabe, XIIe siècle.
Ci-contre, vus de la poterne avancée, le tablier du pont incliné et l'énorme tour à mâchicoulis, construite par les mamelouks.
À droite, le pont porté par des arches permet de franchir le fossé de la citadelle. Il relie la poterne à la porte d'entrée.
En dépliant, une muraille jalonnée d'une trentaine de tours couronne le glacis de la citadelle d'Alep ; à gauche, l'unique entrée ; dans la pente du glacis, au centre, une des casemates.

CASTEL DEL MONTE

UN RÊVE DE MARBRE GOTHICO-ARABE — **ITALIE**

Au XIIIe siècle, le sud de l'Italie – la Sicile, la Calabre, les Pouilles, Capoue et Naples – est le domaine de l'un des plus étranges et fascinants princes de l'Italie médiévale, Frédéric II de Hohenstaufen, également empereur de Germanie. Ce savant « arabophile », en pleine période des croisades, se lie d'amitié avec le sultan al-Malik al-Kamil et parvient, grâce à sa diplomatie, à rendre Jérusalem aux chrétiens. Il n'en est pas moins excommunié par Grégoire IX, puis déposé par Innocent IV. Parmi la série de châteaux et de fortifications qu'il élève pour défendre son royaume, Castel del Monte, près de Barletta, dans les Pouilles, construit vers 1240, est le mieux conservé.

L'aspect de « prisme » minéral de cet édifice découle de son plan rigoureux : il s'agit d'un octogone parfait, en blocs revêtus de marbre blanc, que flanquent huit tourelles octogonales renforçant les arêtes d'angle de l'édifice. La masse construite se développe autour d'une cour centrale, large de 18 m, également octogonale.

Œuvre d'un passionné de géométrie, Castel del Monte incarne une structure idéale, à preuve ni chapelle, ni cuisine, ni écuries n'y ont été ménagées. Même dépouillé de ses sculptures – qui rendaient hommage aux œuvres de l'Antiquité, à la manière d'une première Renaissance italienne –, Castel del Monte conserve sa majesté et reflète un sens mathématique exceptionnel. Les meilleurs spécialistes attribuent à Frédéric II lui-même le concept de cette forteresse, dans laquelle, après sa mort en 1250, trois de ses petits-fils seront emprisonnés durant quarante ans par Charles d'Anjou. D'abord témoin de l'éclat impérial, ce château mythique devint ainsi le triste cadre de la chute de la dynastie des Hohenstaufen.

À GAUCHE, FRÉDÉRIC II DE HOHENSTAUFEN.
CI-CONTRE, VUE EN CONTRE-PLONGÉE DEPUIS LA COUR OCTOGONALE DE CASTEL DEL MONTE.
À DROITE, LE DIAMÈTRE DE L'ENSEMBLE DE CASTEL DEL MONTE EST DE 49 M. LE CHÂTEAU ABRITE DEUX ÉTAGES, COMPORTANT CHACUN HUIT CHAMBRES TRAPÉZOÏDALES.
EN DÉPLIANT, L'ÉCLATANTE FORTERESSE VUE DE L'EST, AVEC SON PORTAIL QUI MARIE L'ARC GOTHIQUE À UN FRONTON PRÉ-RENAISSANCE TRÈS ORIGINAL.

CARCASSONNE

Une cité forte exemplaire
France

Entre Narbonne et Toulouse, le paysage est commandé par la cité de Carcassonne, édifiée sur une acropole naturelle. C'est grâce aux efforts conjugués de Prosper Mérimée et de Viollet-le-Duc, au XIXe siècle, que l'on peut admirer la « plus belle enceinte fortifiée du Moyen Âge en France » dans un état d'exceptionnelle fraîcheur, même si certaines restaurations de l'époque sont contestables.

Carcassonne s'est développée à partir de deux pôles distincts : la cité et la ville basse. La cité remonte à la fin de la période gallo-romaine et reçoit alors sa première enceinte. Au XIIe siècle est construit le château comtal, renforcé ensuite par une muraille précédée d'un large fossé. Puis la cité, qui a pris fait et cause pour les hérétiques albigeois, doit se défendre contre les assauts, bientôt victorieux (1247), de Saint Louis. C'est ensuite que la seconde enceinte extérieure est commencée et que la ville basse apparaît au-delà du fleuve, sur la rive gauche de l'Aude. Au temps de Philippe le Hardi, à la fin du XIIIe siècle, la cité revêt son aspect presque définitif.

Vue du ciel, Carcassonne révèle l'importance des aménagements militaires par comparaison avec l'espace réservé à l'habitat et aux églises. Les ouvrages en encorbellement – les hourds en bois puis les mâchicoulis – couronnent les murailles et les tours, permettant de bombarder verticalement les assaillants qui s'attaquent à la base des murs. De même, les fenêtres donnant sur l'extérieur sont remplacées par d'étroites meurtrières, à l'abri des tirs des machines de guerre. Tandis que l'architecture religieuse gothique s'ouvre à la lumière, les enceintes se referment sur elles-mêmes.

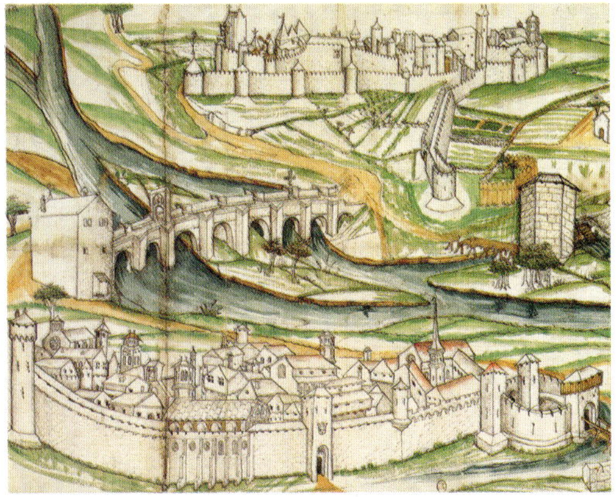

À gauche, Carcassonne en 1460 : la cité (en haut) est reliée à la ville basse par le Pont-Vieux.
Ci-contre, la porte Narbonnaise, située après l'enceinte extérieure.
À droite, le château comtal forme un ensemble rectangulaire, jalonné de hautes tours.
En dépliant, vue générale de la cité, avec sa double enceinte et ses glacis : au sud (en haut), l'église Saint-Nazaire, à l'ouest (à droite), le château comtal et le lacis des rues médiévales.

L'édification de la célèbre Tour de Londres remonte au règne de Guillaume le Conquérant, duc de Normandie. Au lendemain de sa victoire sur le souverain Harold, à la bataille de Hastings en 1066, il est couronné roi d'Angleterre. Dès lors, il comprend qu'il doit fortifier la rive droite de la Tamise, à la fois pour tenir la population de Londres et pour surveiller le cours du fleuve par lequel pourrait remonter une flotte de débarquement. La Tour est aussi destinée à être la résidence royale et le siège de l'administration.

Cette place forte, qui s'étend sur 5 ha, reflète les divers types de défense pratiqués au cours des siècles. Bien que souvent assiégée, elle n'est jamais tombée. Au centre, la tour Blanche, de plan carré, est la partie la plus ancienne : elle remonte au XIe siècle. Son architecte, d'origine normande, a fait venir la pierre de Caen. D'abord isolée, elle est par la suite entourée d'une double enceinte en forme de pentagone, renforcée de tours et de bastions. Bordé d'un large fossé et s'adossant à la Tamise, l'ensemble a été maintes fois agrandi puis restauré, du XIIe au XIXe siècle. Certains apports tardifs, comme les casernes de Waterloo Barraks de 1864, en altèrent la disposition originelle.

Chargée d'histoire, la Tour de Londres a connu des heures sombres, des exécutions sanglantes ou la captivité de hautes personnalités : Henry IV d'Angleterre, sir Thomas More, la reine Anne Boleyn, Thomas Cromwell, ainsi que le navigateur sir Walter Raleigh. Les fastes de la cour s'y exposent avec, en particulier, les joyaux de la Couronne, dont le *Cullinan I*, le plus gros diamant incolore taillé au monde qui orne le sceptre à la Croix du souverain, symbole du pouvoir temporel.

À GAUCHE, LES CÉLÈBRES *BEEFEATERS*, GARDIENS DE LA TOUR DE LONDRES. TOUS LES SOIRS, ILS RÉITÈRENT L'IMMUABLE CÉRÉMONIE DES CLÉS, LE VERROUILLAGE DU PORTAIL PRINCIPAL DE LA TOUR.
CI-CONTRE, L'ENCEINTE DE LA FORTERESSE EST DOMINÉE PAR LA TOUR BLANCHE.
À DROITE, LA FORTERESSE JOUXTE AUJOURD'HUI LE TOWER BRIDGE D'ACIER ET DE PIERRE DATANT DE 1894.
EN DÉPLIANT, LA TOUR BLANCHE, DANS SA DOUBLE ENCEINTE, BORDANT LA TAMISE (EN BAS).

CAERPHILLY

DÉMONSTRATION DE FORCE DES NORMANDS

GRANDE-BRETAGNE

En 1268, le comte anglo-normand Gilbert de Clare, lord de Glamorgan, met en chantier en pays gallois, à 12 km de Cardiff, le château de Caerphilly. Il est alors en conflit avec le Gallois Llywelyn ap Gruffud, qui avait pris le titre de prince de Galles et qui contrôlait le centre et le nord du pays.

Terminé dès 1271, d'une superficie de 12 ha, Caerphilly – le plus grand château du pays de Galles – est un chef-d'œuvre de l'architecture militaire anglo-normande. La forteresse est ceinturée de bassins artificiels en eau, qui font office de douves, précédés à l'est d'une ligne fortifiée accessible par un pont. Au centre, le château se compose d'un bâtiment carré à cour, que défendent une muraille et ses quatre tours d'angle rondes. Ce massif est lui-même entouré par des lices (terrains clos), dont les murs plongent dans l'eau. En cas de besoin, une réserve d'eau était déversée entre les deux enceintes. À l'est et à l'ouest, deux ponts-levis permettent de traverser le lac pour rejoindre le château.

Mais dès 1283, le pays de Galles perd son indépendance et la forteresse son intérêt stratégique. Au XIVe siècle, le bâtiment, considéré comme peu confortable, est abandonné par la famille de Clare. Il faut attendre le XIXe siècle pour que ses ruines soient protégées, et les travaux de restauration qui tendent à lui rendre son aspect médiéval débutent en 1928. Aujourd'hui, il est surtout connu à cause du fantôme de la Dame verte qui le hante et de la fameuse tour qui penche plus que celle de Pise !

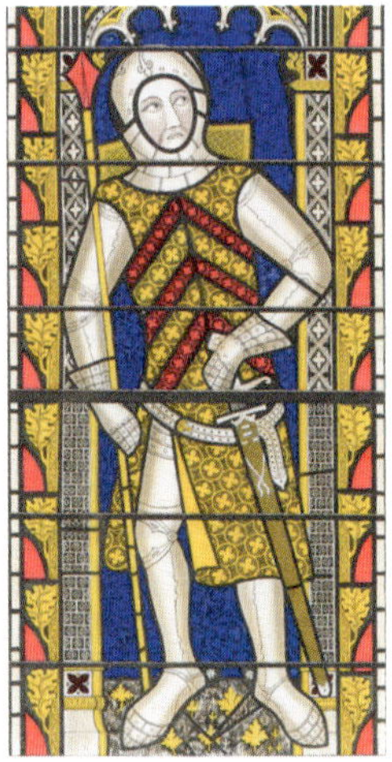

À GAUCHE, GILBERT DE CLARE, DANS LA TENUE DU CHEVALIER MÉDIÉVAL.
CI-CONTRE, LE CHÂTEAU DE CAERPHILLY SE MIRANT DANS LES BASSINS QUI LUI SERVENT DE DOUVES ; À DROITE, SA CÉLÈBRE TOUR PENCHÉE.
À DROITE, AU CENTRE DE LA VILLE DE CAERPHILLY, ENTOURÉ DE LACS, LE CHÂTEAU EST ACCESSIBLE, À L'EST ET À L'OUEST, PAR PLUSIEURS PONTS-LEVIS.
EN DÉPLIANT, LA STRUCTURE CENTRALE DE CAERPHILLY, DANS SES DOUVES, SES MURS ET SES LICES QUI CEIGNENT LE MASSIF TRADITIONNEL À QUATRE TOURS D'ANGLE ; À DROITE, LE CHEMIN DE RONDE.

PARAMONGA

LA « PORTE DU ROYAUME CHIMÚ » **PÉROU**

Non loin de la rive du Pacifique, dans l'étroite plaine côtière péruvienne, au nord du Rio Fortalezza, la place forte de Paramonga marque la frontière méridionale du royaume des Chimús. Ce peuple précolombien du Pérou, avec sa capitale Chanchán, s'impose après le déclin des Mochicas. Les Chimús règnent sur un florissant territoire, de 1100 environ jusqu'en 1465, date de la victoire de l'Inca Pachacútec sur le roi chimú Ancocoyuch.

Ce puissant bastion est réalisé en brique crue – ou adobe –, matériau dont sont faites, durant des millénaires, toutes les constructions de plaine. Il assume son rôle de « porte du royaume chimú » en barrant l'étroite bande de terre fertile entre l'Océan et les Andes. Son aspect a longtemps dissuadé les envahisseurs qui jalousaient la prospérité du royaume due à l'art hydraulique des ingénieurs chimús. Ils savaient interconnecter les fleuves, construire des canaux sur 140 km, ériger des barrages pour éviter les inondations. Ils ont aussi dressé le prodigieux mur dit « de Mayao », long de 65 km, jalonné par cinquante forteresses circulaires ou carrées, qui, du Pacifique aux Andes, traverse le désert.

Ainsi Paramonga veille sur une plaine prospère, longue de 500 km, où les Chimús ont fait fleurir quarante villes, marquant une éclosion urbaine d'une grande densité. Ils ont développé un système centralisé favorisant la production de masse, en particulier de céramiques, et l'exploitation de l'or des rivières et des fleuves. Chanchán et les grands cimetières chimús en ont livré des tonnes sous forme de bijoux, qui furent chargés sur des galions espagnols pour être fondus.

À GAUCHE, MASQUE FUNÉRAIRE EN OR DES CHIMÚS.
CI-CONTRE, COMME UN BASTION AVANCÉ, UN DES SAILLANTS À L'ANGLE DE LA FORTERESSE.
À DROITE, AU MILIEU DE LA VÉGÉTATION ET DES CHAMPS IRRIGUÉS, PARAMONGA RESSEMBLE À UN NAVIRE ÉCHOUÉ.
EN DÉPLIANT, VISIBLES DE LA ROUTE PANAMÉRICAINE QUI LES LONGE (À GAUCHE), LES TROIS MASSIVES TERRASSES DE LA FORTERESSE, ENTOURÉES D'UNE ENCEINTE, S'ÉLÈVENT SUR UNE ÉMINENCE NATURELLE. LES INCAS ONT TRANSFORMÉ LE SITE EN SANCTUAIRE.

DUBROVNIK

Entre Venise et l'Orient, un bastion maritime

Croatie

Dans l'enchevêtrement des îles et des golfes de la côte dalmate, en Croatie, la cité médiévale de Dubrovnik fait partie de l'immense réseau maritime élaboré par la république de Venise pour assurer sa primauté, face à ses concurrents – Gênes et Pise –, dans le commerce avec l'Orient. Fondée au VIIe siècle de notre ère, la cité s'élève sur un îlot, qui ne sera rattaché à la terre ferme qu'au XIe siècle. Placée sous la protection de Byzance au IXe siècle, elle prospère rapidement. Mais c'est surtout entre 1204 et 1358, que, soumise à Venise, elle devient un fleuron de l'entreprise commerciale vénitienne. Elle monte la garde sur la mer intérieure qu'est l'Adriatique, d'où partent les expéditions vers la Crète, Alexandrie, Acre, Constantinople ou la mer Noire. Elle participe au fructueux négoce des épices, du sucre de canne, de la soie, des esclaves et des fourrures, jusqu'au-delà des sultanats arabes. Ses murailles des XIIe et XIIIe siècles et son port fermé seront renforcés jusqu'au XVIIe siècle.

Ensuite, autonome sous le nom de république de Raguse, Dubrovnik vit essentiellement du monopole du sel avec les cités de l'intérieur des terres. Elle soutient les assauts des Turcs et est intégrée à la Hongrie, pour laquelle elle représente le débouché sur la Méditerranée. Avant d'être yougoslave, elle fut rattachée par un traité à l'Autriche en 1815.

Sa richesse et les diverses influences qu'elle connaît en font une cité d'art : son urbanisme rationnel, en partie orthogonal, s'orne de bâtiments romano-gothiques, puis Renaissance, et après le séisme de 1667, elle est largement reconstruite dans le style baroque. La « perle de l'Adriatique » cache des trésors derrière la cuirasse de ses fortifications.

À gauche, sous l'enseigne du Lion de Venise, Dubrovnik est un marché actif avec les principautés balkaniques.
Ci-contre, l'entrée en chicane du port intérieur sur lequel de puissants bastions montent la garde.
À droite, la citadelle, enserrée dans son corset de pierre, se tapit derrière un chapelet d'îlots.
En dépliant, à l'intérieur de ses murailles maritimes et terrestres, Dubrovnik révèle un urbanisme strict.

MALBORK

PLACE FORTE DES CHEVALIERS TEUTONIQUES — **POLOGNE**

Fondé en 1198 en Terre sainte, l'ordre des chevaliers Teutoniques est un ordre hospitalier et militaire allemand, créé sur le modèle des Hospitaliers et des Templiers. Les chevaliers Teutoniques se distinguent à la croix noire de leur manteau blanc et à leur heaume germanique. En lutte avec les Slaves qu'ils ont pour mission de convertir, ils colonisent la Prusse et la Poméranie, et s'allient aux riches cités de la Baltique avec lesquelles ils commercent. En 1274, ils fondent, au nord de la Pologne, Marienburg (actuellement Malbork), ainsi nommé en l'honneur de la Vierge à laquelle est consacré leur ordre. Position stratégique sur une des branches de la Vistule, ils y érigent un château.

Construits en brique, les édifices de Malbork comprennent un couvent, des entrepôts et une forteresse avec sa porte monumentale. En 1309, le château devient le siège de l'ordre et la résidence de son grand maître, au centre d'un État théocratique indépendant dès 1308. L'ensemble, agrandi de 1330 à 1343, s'enrichit d'un palais et de bâtiments abritant un grand réfectoire et des salles de réception somptueuses. Le style gothique germanique qui s'y épanouit, caractérisé par l'usage de la brique, influe sur la construction d'autres monuments importants, à Lübeck ou à Dantzig (actuellement Gdansk).

En 1457, le château de Malbork tombe aux mains des Polonais avant de revenir au royaume de Prusse en 1772. En partie ruiné, il est restauré à partir de 1817 par l'architecte allemand Karl Friedrich Schinkel. Il est aujourd'hui un monument phare de la Pologne.

À GAUCHE, LES EMBLÈMES DES CHEVALIERS TEUTONIQUES.
CI-CONTRE, EN BORDURE DU FLEUVE, LA DOUBLE PORTE MONUMENTALE DE MALBORK, ENTRE SES DEUX TOURS AUX TOITURES EN POIVRIÈRE.
À DROITE, LA FORTERESSE DE BRIQUE DRESSE FIÈREMENT SES BÂTIMENTS RELIGIEUX ET MILITAIRES ET SES MURAILLES.
EN DÉPLIANT, À GAUCHE, LE CHÂTEAU PRIMITIF DU XIIIE SIÈCLE ; À DROITE, LE CHÂTEAU MOYEN AJOUTÉ AU XIVE SIÈCLE, QUI EST PRINCIPALEMENT LA RÉSIDENCE DU GRAND COMMANDEUR.

ALMODÓVAR DEL RIO

DES MAURES AUX CHRÉTIENS, UN CHÂTEAU ANDALOU — ESPAGNE

À 24 km à l'ouest de Cordoue, le château d'Almodóvar del Rio est une fondation stratégique édifiée par les Arabes au VIIIe siècle et complétée au XIIe siècle. Sur la route de Cordoue à Séville, couronnant une butte, il contrôle une voie importante sur le cours du Guadalquivir. Sa position en fait un objectif primordial pour les forces chrétiennes lors de la Reconquista au XIIIe siècle. Et, en 1362, Pierre Ier de Castille, dit le Cruel, entreprend la restauration du château.

De cette forteresse, il respecte les dispositions ; car le souverain, bien que combattant le royaume des Nasrides – dernier refuge des Arabes en Andalousie –, éprouve une grande admiration pour la poésie, l'art et la science arabes. Tout chrétien qu'il est, il se fait appeler « sultan » et il dote son propre palais de Séville – l'Alcazar – d'inscriptions factices, en pseudo-caractères arabes, et d'un décor géométrique réalisé par les artistes de l'Alhambra, à Grenade, « prêtés » par les souverains nasrides.

Sous son règne, le château d'Almodóvar, pourvu de nombreux donjons et d'une double enceinte couronnée de merlons, conserve donc les traits propres aux ouvrages fortifiés arabes. Ce sont en fait des mudéjars, sujets musulmans en pays chrétien, qui en assurent la restauration. Et ses puissantes tours évoquent tout naturellement la forteresse et les murailles de l'Alhambra de Grenade.

Au début du XXe siècle, l'Espagne retrouve un engouement pour l'art mauresque : une fois de plus, Almodóvar del Rio est restauré, comme ce sera le cas de nombreux châteaux forts médiévaux dans toute l'Europe.

À GAUCHE, LE CID CAMPEADOR, HÉROS ET GRAND CAPITAINE DURANT LA RECONQUÊTE. *CI-CONTRE*, LE CHÂTEAU D'ALMODÓVAR DEL RIO, SUR SA BUTTE, EN ANDALOUSIE. *À DROITE*, AUTOUR D'UNE VASTE COUR, LES BÂTIMENTS DU CHÂTEAU, QUE DOMINE LA TOUR CARRÉE DU DONJON TRADITIONNEL (EN HAUT). *EN DÉPLIANT*, À LA SUITE DES RECONSTRUCTIONS DE PIERRE LE CRUEL ET DES RESTAURATIONS DU DÉBUT DU XXE SIÈCLE, L'ENSEMBLE D'ALMODÓVAR DEL RIO REVÊT L'ASPECT D'UN DÉCOR DE CINÉMA.

HAUT-KŒNIGSBOURG

ÉTENDARD DES PRINCES GERMANIQUES

FRANCE

Par sa situation en Alsace et sa proximité avec l'Allemagne, le Haut-Kœnigsbourg a subi tour à tour des influences germaniques et françaises. Fondé en 1147 par les Hohenstaufen, il prend sa dénomination de « Château royal » – Kœnigsbourg – dès 1192. C'est alors un édifice de style roman qui couronne une barre rocheuse culminant à 757 m au-dessus de la plaine. Après une première destruction en 1462, le château est relevé entre 1479 et 1519 pour devenir un vaste palais fortifié, dont les murailles, tours et salles d'apparat occupent un espace de 1 000 m sur 300 m. À la suite de la guerre de Trente Ans, l'édifice est incendié, puis abandonné en 1633.
Au XIXe siècle, l'engouement pour l'art médiéval en fait l'objet de débats passionnés entre archéologues français et germaniques. Les ruines, acquises par la cité de Sélestat, qui ne peut assumer les frais de restauration, sont alors données en 1899 à l'empereur Guillaume II de Hohenzollern, l'Alsace étant allemande depuis 1871. Celui-ci décide de reconstruire le Haut-Kœnigsbourg en rappelant l'appartenance germanique de la région. Il le considère comme la frontière ouest de son empire, tandis que Malbork en constitue la frontière est. Il confie cette restauration à l'architecte Bodo Ebhardt, qui, de 1901 à 1908, réalise un travail archéologique sérieux. Suite au traité de Versailles de 1919, le château revient à la France et obtient le statut de palais national. Au milieu des forêts vosgiennes, l'immense château du Haut-Kœnigsbourg émerge comme un monument fantomatique, symbolisant à sa manière le rêve d'un monde médiéval idéalisé.

À GAUCHE, L'ARCHITECTE EBHARDT DEVANT LA MAQUETTE DU CHÂTEAU RESTAURÉ, 1903.
CI-CONTRE, AGRIPPÉES À LA ROCHE, LES TOURS DU HAUT-KŒNIGSBOURG CONCRÉTISENT UN RÊVE DE FÉODALITÉ.
À DROITE, AU CŒUR DE LA FORÊT VOSGIENNE, LE HAUT-KŒNIGSBOURG RESTAURÉ.
EN DÉPLIANT, À GAUCHE, LE GRAND BASTION ; AU CENTRE, LE DONJON ENTOURÉ DE LOGIS ET DE COURS ; À DROITE, LE PETIT BASTION ET, À L'EXTRÊME DROITE, UN BASTION EN ÉTOILE. L'ENSEMBLE EST CEINT DE MURAILLES.

VIVA
EL PERU

SACSAHUAMÁN

BASTIONS INCAS EN SENTINELLE AU-DESSUS DE CUZCO — PÉROU

À 3 400 m d'altitude dans les Andes, dominant Cuzco, la capitale des Incas, la forteresse de Sacsahuamán, qui abritait le centre politico-militaire de l'empire, serait l'œuvre de Pachacútec (vers 1438), huitième souverain inca. Elle défendait la ville de toute attaque venant du nord. Son enceinte forme une barrière infranchissable sur 410 m de large, au pied d'une butte. Elle est composée de trois rangées de murailles redentées (en avancées triangulaires), superposées de manière à ménager entre elles des terrasses. Chacun des blocs de cet appareil a une forme différente, et ils s'ajustent les uns avec les autres comme les pièces d'un puzzle géant. Certains mesurent jusqu'à 4,8 m de haut et dépassent 40 t ! Cette technique qui se retrouve dans les palais de Cuzco avait-elle une fonction antisismique ? C'est probable, compte tenu de la fréquence des secousses au Pérou.
Sur l'éminence rocheuse, s'élevaient des édifices aujourd'hui disparus. Mais l'organisation rigoureusement orthogonale de leurs vestiges, qui entourent une structure circulaire et concentrique de 30 m de diamètre, atteste que ce site formait le véritable ombilic du monde inca. C'est sur ce « donjon », symbole d'un pouvoir absolu, que veillait la triple barrière des murs cyclopéens de Sacsahuamán. On prétend que les matériaux de cette construction circulaire en furent prélevés par les Espagnols pour ériger les superbes églises Renaissance et baroque qui se dressent sur la place principale de la ville.

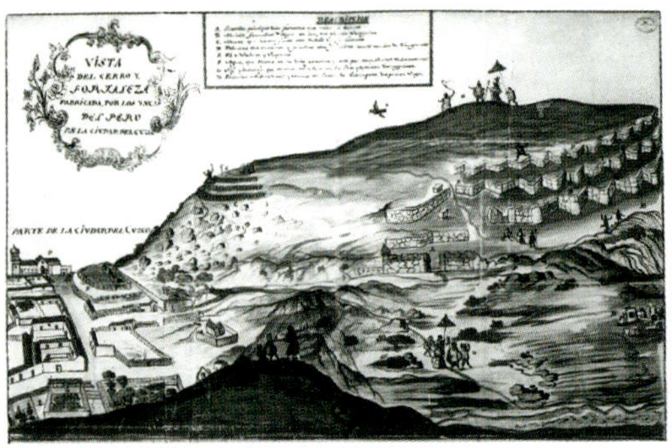

À GAUCHE, SACSAHUAMÁN VUE PAR LES ESPAGNOLS AU XVIIe SIÈCLE.
CI-CONTRE, LES TROIS NIVEAUX DE MURS CYCLOPÉENS EN BASTIONS REDENTÉS.
À DROITE, DOMINANT LA TRIPLE MURAILLE, LES VESTIGES DU CENTRE NERVEUX DE L'EMPIRE QUI, AVEC SA STRUCTURE CIRCULAIRE, DEVAIT AVOIR LA FORME D'UNE TOUR.
EN DÉPLIANT, CUZCO, AU PIED DES MONTAGNES, PROTÉGÉE PAR SACSAHUAMÁN SUR SON ÉPERON ROCHEUX (L'ESPACE CIRCULAIRE DU PREMIER PLAN, DONT ON IGNORE L'USAGE, NE FAIT PAS PARTIE DE LA FORTERESSE).

SALSES

UN NOUVEAU TYPE DE FORTIFICATION — **FRANCE**

Entre Narbonne et Perpignan, au cœur du Roussillon alors espagnol, le fort de Salses contrôle la principale route d'accès au pays catalan. Il est érigé à partir de 1497 par l'ingénieur Francisco Ramiro Lopez, à la demande du roi d'Aragon, Ferdinand II le Catholique, pour protéger sa frontière des Français. L'ouvrage marque la transition entre le château médiéval, dont il conserve le principe du donjon et des tours cylindriques, et la forteresse de l'époque moderne, rigoureusement géométrique, aux maçonneries démesurément épaissies et enfoncées dans le sol.

Il présente ainsi une structure rectangulaire de 84 m sur 110 m, entourée d'un profond fossé de 20 m de large, avec de grosses tours d'angle et des murs talutés en maçonnerie et en brique. L'enfoncement de la forteresse permet d'occulter aux canons des assaillants la base des constructions. L'épaisseur des murs, à l'origine de 1 à 3 m mais qui passe bientôt à 6 m, voire 10 m, permet de faire face à la mine explosive et au nouveau canon à boulets métalliques. L'entrée principale n'est accessible qu'après avoir franchi quatre portes disposées en chicane et trois ponts-levis que dominent des tourelles cylindriques.

Au XVIIe siècle, Salses est assiégée et prise par les Français et, en 1659, le Roussillon revient par traité au royaume de France. Alors sa fonction s'inverse, et la forteresse est remaniée et restaurée par Vauban en 1691. Mais, située loin de la frontière, elle perd de son importance : le fort est transformé en prison d'État puis en poudrière. À diverses reprises, on songe même à le raser. L'opération se révèle chaque fois trop dispendieuse, ce qui nous vaut de le voir aujourd'hui dans un remarquable état de conservation.

À GAUCHE, CANONS EN BRONZE À OBUS EXPLOSIFS, XVIE SIÈCLE.
CI-CONTRE, LES TOURS TRAPUES À LARGE BASE TALUTÉE, QUI FLANQUENT LA FORTERESSE DE SALSES.
À DROITE, AU CŒUR DU FORT ET BORDANT LA COUR CENTRALE, LE DONJON EST SOMMÉ PAR UNE ÉCHAUGUETTE CYLINDRIQUE QUI FAIT OFFICE DE VIGIE.
EN DÉPLIANT, SEULE LA VUE AÉRIENNE PERMET D'APPRÉCIER LA STRUCTURE ENTERRÉE DE SALSES, RENFORCÉE PAR QUATRE TOURS D'ANGLE ET TROIS BASTIONS DÉTACHÉS.

HIMEJI

LA DEMEURE RETRANCHÉE DES SHOGUNS — **JAPON**

La construction des châteaux forts se développe au Japon à l'heure où le rôle des samouraïs armés de leur sabre s'estompe face à l'arrivée des mousquets apportés par les navires portugais. Le plus beau de ces châteaux, un fleuron de l'art militaire, est Himeji-jô (« le château d'Himeji »), appelé aussi le « château du Héron blanc », dans la région de Kobé.
Établi sur les bases d'un fort du XIVe siècle, il est tout d'abord érigé sous l'égide du grand capitaine Hideyoshi (1556-1598), au service de l'empereur. Puis, c'est Ikeda Terumasa (1564-1613) – gendre du nouveau shogun Tokugawa Ieyasu – qui lui donne son caractère altier et inexpugnable, où se mêlent les traditions militaires des samouraïs et les innovations importées d'Occident avec les armes à feu. Ainsi, l'édification d'Himeji suit, aux XVIe et XVIIe siècles, l'évolution des techniques de siège.
Dressé sur un soubassement énorme, dont les parois aveugles sont inclinées, le château d'Himeji domine des douves en eau. Le donjon comprend cinq étages d'appartements en bois, dont les façades revêtues d'un enduit de plâtre apparaissent entre des niveaux de toitures incurvées qui lui donnent l'aspect d'une pagode trapue. Un enchevêtrement de murs d'enceinte et de plans inclinés conduit, par des cheminements complexes, à des poternes fortifiées. Au milieu de ce labyrinthe de courtines, l'assaillant se perd dans des culs-de-sac jouant le rôle de pièges. Partout des bouches de mousquet sont pointées vers l'envahisseur. Dans cette rude carapace guerrière, le raffinement japonais a conçu d'élégantes salles de palais, qui, tout comme la forteresse, nous sont parvenues intactes, la puissance de ce château ayant dissuadé tout attaquant.

À GAUCHE, UN SAMOURAÏ EN ARMURE À CHEVAL, XVIIE SIÈCLE.
CI-CONTRE, DÉDALE DESTINÉ À ÉGARER LES ASSAILLANTS, HIMEJI EST UN ENSEMBLE COMPLIQUÉ DE COURS, D'ENCEINTES ET DE PORTES SURMONTÉES DE PASSAGES.
À DROITE, ENSERRÉ PAR DE MULTIPLES ENCEINTES, LE CHÂTEAU COIFFE UNE BUTTE D'OÙ ÉMERGE LE DONJON.
EN DÉPLIANT, LE DONJON AVEC SES MURS BLANCS ENTRECOUPÉS DE TOITURES DE TUILES ÉVOQUE L'ENVOL DU HÉRON, CE QUI LUI A VALU SON SURNOM DE « CHÂTEAU DU HÉRON BLANC ».

CASTEL SANT'ANGELO

MAUSOLÉE-FORTERESSE — **ITALIE**

L'histoire du château Saint-Ange remonte à l'Antiquité : sur le modèle du mausolée dynastique créé par Auguste, l'empereur Hadrien (117-138) décide d'édifier à son tour, à Rome, un tombeau monumental pour lui-même et la dynastie des Antonins. Sur une base carrée de 85 m de côté et 15 m de haut, il fait ériger, dès 130, sur la rive droite du Tibre, un tambour circulaire de 64 m de diamètre et de 21 m de haut, couronné d'un tumulus de terre planté de cyprès. Au sommet, une salle haute cubique supporte un quadrige en bronze doré qui culmine à plus de 60 m. À l'intérieur du noyau cylindrique, un corridor hélicoïdal long de 126 m permet de monter jusqu'à la salle funéraire. Cette construction majestueuse est reliée à la ville par un nouveau pont sur le Tibre – le « Pons Aelius » – inauguré en 134.

Ce tombeau est inclus dans l'enceinte qu'élève Aurélien lors des troubles qui secouent l'Empire vers 270. Au Moyen Âge, il servira plusieurs fois de refuge aux populations de Rome lors des grandes invasions. Puis la papauté l'englobe dans les États du Vatican, et fait construire, vers 850, une passerelle pour permettre au pape de s'y réfugier en cas de besoin. Le mausolée est devenu place forte. Pie IV, au XVIe siècle, confie à l'architecte Francesco Laparelli le soin de créer des bastions en étoile autour de la tour. Ainsi, les appartements du pape sont protégés par une véritable forteresse. Les plus grands artistes collaborent à sa somptueuse décoration intérieure : Bramante, Jules Romain, des disciples de Raphaël, le Bernin, etc. À la Renaissance, un élève de Michel-Ange réalise l'ange de bronze qui a remplacé le quadrige depuis longtemps disparu et qui donne son nom à l'édifice.

À GAUCHE, LE CHÂTEAU SAINT-ANGE LORS DU SAC DE ROME DE 1527.
CI-CONTRE, LE MONUMENT VU DU « PONS AELIUS », OU PONT SAINT-ANGE.
À DROITE, LE CHÂTEAU DANS SES FORTIFICATIONS EN ÉTOILE RÉALISÉES PAR LAPARELLI ; À DROITE, LA PASSERELLE DE 750 M ENTRE LE VATICAN ET LA FORTERESSE.
EN DÉPLIANT, LE MAUSOLÉE D'HADRIEN FORTIFIÉ DE QUATRE BASTIONS D'ANGLE POLYGONAUX. AU SOMMET, LE PALAIS PAPAL REMPLACE LE TUMULUS D'ORIGINE.

Lorsque Malte, siège de l'ordre des Hospitaliers, décide en 1566 de doter sa rade exceptionnelle au cœur de la Méditerranée d'un formidable ensemble de fortifications capables de résister à tous les assauts, l'île vient d'échapper au « grand siège » des Ottomans de Soliman le Magnifique. Elle est sauve mais ravagée. Jean Parisot de La Valette, élu en 1557 grand maître des chevaliers de l'ordre des Hospitaliers (les chevaliers de Malte), est alors considéré comme le sauveur de l'Occident et Malte comme le rempart de la chrétienté devant l'expansion musulmane. Sa victoire le renforce dans l'idée qu'il faut à l'Ordre un port imprenable : les Chevaliers n'ont-ils pas été chassés de Jérusalem, puis de Saint-Jean-d'Acre et de Rhodes, avant de recevoir de Charles Quint ce rocher nu entre Sicile et Tunisie, entre Gibraltar et Terre sainte ?

Aussi s'adressant au pape, le grand maître obtient le meilleur architecte-urbaniste de son temps : Francesco Laparelli, qui a réalisé à Rome le Borgo Vaticano incluant le château Saint-Ange. C'est lui qui se consacrera, de 1566 à 1571 avec huit mille hommes, à faire de La Valette – ainsi nommée en hommage à son maître d'œuvre – un modèle de fortification répondant aux dernières exigences de la poliorcétique. Il s'adapte au relief du terrain et au pourtour découpé de la langue de terre qu'il a choisi de fortifier. Il conçoit, selon des principes rigoureux, une cité qui couvre l'une des presqu'îles de la rade ; il la dote de rues parallèles à angle droit, la ceint de murailles dominant la mer et réalise un fossé profond, côté terre ferme, avec une porte monumentale qui est son unique accès. Seul Bonaparte en 1798 aura raison de cette forteresse prodigieuse.

À GAUCHE, GALÈRE DE L'ORDRE DE MALTE DU XVIE SIÈCLE.
CI-CONTRE, FACE À LA VALETTE, « LES YEUX ET LES OREILLES » DES VIGIES SURVEILLENT L'ENTRÉE DU GRAND PORT.
À DROITE, LA VILLE FORTIFIÉE PAR LAPARELLI AVEC SES RUES RECTILIGNES ET SON TRACÉ EN DAMIER ; À GAUCHE, SUR LA MER, L'IMMENSE HÔPITAL RAPPELLE LE RÔLE PREMIER DES HOSPITALIERS.
EN DÉPLIANT, L'EXTRAORDINAIRE RADE DE MALTE. LA VALETTE S'ÉTEND SUR LA PLUS GRANDE PRESQU'ÎLE, OÙ L'ON VOIT, À DROITE, LES FORTIFICATIONS TERRESTRES EN ÉTOILE.

BLAYE

UNE CITADELLE TYPE DE VAUBAN

FRANCE

À une cinquantaine de kilomètres en aval de Bordeaux, sur l'estuaire de la Gironde, la citadelle de Blaye est un verrou d'interdiction et de protection du port de la capitale aquitaine. Commencée par Pagan en 1652 et achevée par Vauban de 1685 à 1689, elle est représentative des fortifications rasantes du XVIIe siècle, au « tracé bastionné » mis en œuvre par le célèbre maréchal architecte. Appliquée durant tout le « siècle de Louis XIV » et au-delà, cette innovation se fonde sur des constructions enterrées à plan rayonnant. Deux points essentiels la caractérisent : un épais revêtement de la base des murs à l'aide de masses de terre pour que les boulets de l'artillerie s'enfoncent sans provoquer de dégâts importants à la maçonnerie. Ce mur ne pouvant être très haut, il est nécessaire de le mettre à l'abri dans un fossé. Il devient donc impossible pour le défenseur de voir ce qui se passe en bas du rempart, c'est pourquoi l'ensemble est fractionné en unités indépendantes, ou cornes, adaptées aux accidents du terrain et formant des bastions avancés. Ainsi le pied des remparts peut être surveillé et défendu des mineurs et des assaillants par les bastions voisins de droite et de gauche.

À Blaye, sur la rive droite du fleuve, la réalisation d'un tel programme fut d'autant plus aisée que le terrain est plat, ainsi les éléments triangulaires du système peuvent s'étendre sans obstacles dans toutes les directions. Le cours du fleuve limite la forteresse à l'ouest, et le plan ne comporte donc qu'un demi-motif étoilé. Deux bastions en avancée, reliés par des ponts franchissant les fossés, donnent accès à l'agglomération qui renferme un château fort en ruines datant du XIIe siècle et attestant que le site joua très tôt un rôle stratégique.

À GAUCHE, LOUIS XIV DEVANT MAASTRICHT, VILLE FORTIFIÉE PAR VAUBAN.
CI-CONTRE, LE LARGE FOSSÉ QUI ENTOURE BLAYE, AVEC SES ESCARPES, PROTÉGÉES D'UN TALUS À LEUR BASE (À DROITE), ET SES CONTRE-ESCARPES (À GAUCHE).
À DROITE, UN BASTION AVANCÉ POUR RETARDER L'ASSAILLANT.
EN DÉPLIANT, LA PORTÉE DE L'ARTILLERIE NE PERMETTANT PAS DE VERROUILLER LA GIRONDE AVEC LE SEUL FORT DE BLAYE, VAUBAN CONÇUT DEUX AUTRES OUVRAGES, SUR LA RIVE GAUCHE ET AU MILIEU DU FLEUVE.

AMBER

FORTERESSE ET PALAIS DES RAJAS — INDE

Le musulman Babur, fondateur de l'Empire moghol, après sa victoire à Panipat, en Inde, en 1526, sur les sultans de Delhi, se heurte aux souverains du Rajasthan et aux troupes hindoues coalisées. Son successeur, le Grand Moghol Akbar, pour mettre fin aux affrontements entre hindouistes et musulmans, épouse une princesse d'Amber, fille de Man Singh Ier. Désormais, bien que de religion hindoue, les Rajpouts apportent leur concours militaire aux Moghols, leur payant tribut, tout en conservant leur indépendance et leur religion. Ils adoptent bientôt l'art et l'architecture de leur suzerain.

Régnant sur la ville de Jaipur, en plaine, les maharajas ont construit une puissante forteresse dans la passe d'Amber. C'est là que se trouve leur palais fastueux, dont on gagne l'entrée à dos d'éléphant. Ce palais, comme corseté par de hauts murs, développe dans la pente une succession de cours, de terrasses, de jardins en *tchahar bagh* (quatre parties divisées par deux canaux à angle droit) et de salles d'apparat d'un luxe inouï. Pour veiller sur ce joyau, les souverains d'Amber édifient au sommet de la montagne une citadelle : le fort de Jaigarh entouré de glacis. De plus, pour parer à un siège éventuel et soucieux de doter leurs installations de réserves d'eau suffisantes, ils érigent, en dessous du palais, un barrage formant un lac artificiel. Sur ses rives, ils aménagent une presqu'île ornée d'un somptueux jardin à tracé géométrique qu'arrose une machine hydraulique (noria) mue par des bœufs.

À GAUCHE, ÉLÉPHANT ROYAL AVEC SA SOMPTUEUSE ESCORTE.
CI-CONTRE, LES HAUTES MURAILLES D'AMBER COURONNÉES DE PALAIS.
À DROITE, LA VUE AÉRIENNE MONTRE LES TROIS NIVEAUX DE L'ENSEMBLE : EN BAS, LES JARDINS EN *TCHAHAR BAGH* SUR LE LAC ARTIFICIEL ; AU MILIEU, LE PALAIS DANS SON ENCEINTE ; EN HAUT, LE FORT.
EN DÉPLIANT, DANS SES HAUTS MURS REDENTÉS, LE PALAIS FORME UNE SUCCESSION DE COURS, DE JARDINS CLOS ET DE SALLES D'APPARAT ; À GAUCHE, LA ROUTE MONTE JUSQU'AU FORT DE JAIGARH.

LA FORTERESSE PIERRE-ET-PAUL

Le berceau de Saint-Pétersbourg — **Russie**

Dans sa volonté de désenclaver l'Empire russe, Pierre le Grand (1672-1725), souverain passionné de construction navale, veut ouvrir à sa flotte un débouché sur la mer Baltique – alors tenue par les Suédois. Il leur enlève donc le littoral sud du golfe de Finlande et fonde un nouveau port près de l'embouchure de la Neva, un site peu favorable avec son dédale de lacs et de cours d'eau. De ce port et de la ville qu'il va fonder, Saint-Pétersbourg, Pierre Ier veut faire une « fenêtre sur l'Europe ». Ainsi, dès 1712, la proclame-t-il capitale de la Russie. L'entreprise s'inscrit dans le cadre de la modernisation du pays qu'il poursuit en s'inspirant des grandes puissances européennes.

Pour parer à toute attaque de la flotte suédoise, Pierre Ier crée la forteresse Pierre-et-Paul sur un îlot, à l'endroit où se séparent la Grande et la Petite Neva. La première pierre est posée le 16 mai 1703. L'ensemble a la forme d'un hexagone, dont les angles sont dotés de bastions triangulaires. Les portes Saint-Jean à l'est et Saint-Basile à l'ouest sont protégées par des poternes avancées. Hors les murs, se trouve un arsenal en fer à cheval. À l'intérieur, la collégiale Saints-Pierre-et-Paul, panthéon des Romanov, un baptistère, l'hôtel des monnaies et les bâtiments réservés aux ingénieurs et aux commandants complètent cette place forte imprenable. Mais la forteresse est aussi une prison politique : Alexis, le propre fils de Pierre Ier, les décembristes, Dostoïevski, Maxime Gorki... ils sont nombreux à avoir connu ses cachots. En octobre 1917, la garnison se rallie tout entière à la Révolution et les cent mille fusils de l'arsenal permettent d'armer les insurgés.

À gauche, Pierre Ier représenté devant la forteresse Pierre-et-Paul. *Ci-contre*, au centre de la place forte surgit le clocher de la collégiale conçue dès 1714 par le Suisse Domenico Trezzini. *À droite*, la forteresse prise dans la glace de la Neva. Au premier plan, la grande place du Palais avec au fond le palais d'Hiver ; à gauche, l'île Vassilevski. *En dépliant*, la forteresse en étoile avec, au premier plan, la porte Saint-Jean et son pont d'accès.

BAM

La grande forteresse de terre — Iran

Avec ses murs épais, percés de rangées superposées de meurtrières et couronnés de merlons, avec ses tours semi-circulaires et ses cheminements tortueux qui conduisent au donjon, la ville fortifiée de Bam, édifiée entièrement en torchis et en pisé, offre un contraste violent entre l'appareil guerrier de la citadelle et l'ancienne cité morte, coincée à ses pieds dans une enceinte trop exiguë.
Située à l'entrée des « terres chaudes » de l'Iran méridional, à 1 000 m d'altitude, Bam a été de tout temps une oasis et un relais de caravanes. Bêtes et hommes y trouvent le repos avant d'affronter les déserts du Séistan ou de Lout, et la fournaise ou le blizzard glacé des hauts plateaux. À côté du « château » de brique crue, la mosquée et les cours, où les caravaniers déposent leurs précieux ballots de soie ou leurs épices à l'abri des pillards, forment des espaces ouverts, protégés par l'enceinte jalonnée de tours et par un glacis. La cité, abandonnée depuis le XIXe siècle, témoigne de l'urbanisme foisonnant des agglomérations islamiques traditionnelles.
Détruite par Gengis Khan puis par Tamerlan, elle a été plusieurs fois relevée avant d'être rasée par un terrible séisme en 2003. Mais l'Iran, avec l'aide de l'Unesco, a décidé que Bam devait revivre et retrouver son altière silhouette d'antan. On peut donc espérer la revoir, dressée comme une sentinelle en bordure de quelque « désert des Tartares ». Aura-t-elle encore son charme ? On peut le penser, car le torchis dont est faite cette architecture de terre n'a pas besoin de la patine des siècles pour véhiculer les formes immémoriales des fortifications, dont le concept remonte à la préhistoire.

À gauche, caravanier et son dromadaire.
Ci-contre, Bam et ses multiples enceintes de terre battue, percées de meurtrières et surmontées de créneaux et de merlons.
À droite, la citadelle domine la cité.
En dépliant, les 20 ha de Bam, avant le séisme de 2003 : ceints d'une muraille, les quartiers de la ville ; à droite, la citadelle précédée d'une mosquée-cour, le tout protégé par leur propre enceinte.

MOURABTINE

GRENIERS FORTIFIÉS DU SUD TUNISIEN

TUNISIE

En Tunisie, dans le sud du pays, subsistent de nombreux *ksour* (pluriel de *ksar*). Architecture typique des sociétés berbères semi-nomades, le *ksar* est un château protégeant un village, en général proche de quelque oasis. Ils sont les témoins d'un mode de vie ancestral, dont les premiers exemples à nous être parvenus remontent au XVe siècle. Presque tous s'accompagnent d'étranges édifices : les *ghorfas*. Il s'agit de greniers fortifiés qui ont pour fonction de conserver à l'abri des convoitises des pillards les réserves de nourriture produites par la récolte annuelle d'une agriculture extensive.
Le *ksar* Mourabtine, aujourd'hui disparu, s'élevait sur un éperon rocheux bordant la piste des caravanes – abandonnée depuis la création du marché voisin de Tataouine en 1892 –, qui reliait Gabès, sur la Méditerranée, à l'oasis saharienne de Ghadamès. Son *ghorfa*, qui doit dater du XVIIIe ou XIXe siècle, est encore debout. Les greniers, tous mitoyens, comportent deux à quatre étages et s'organisent autour d'une cour centrale. Ils sont dotés de voûtes en berceau nues, faites de terre battue, sans autre toiture en raison de la rareté des pluies. L'absence de bois dans ces régions arides oblige à recourir à ce type de couverture : celle-ci s'opère sans échafaudage ni charpente, le soutènement étant assuré par de gros ballots remplis de terre, confectionnés en alfa (plante buissonnante). Ces sacs sont retirés lorsque la voûte est sèche. Des gardiens armés veillaient au sommet des *ghorfas* pendant que la tribu et ses troupeaux nomadisaient au loin, au gré de l'assèchement saisonnier des sols.

À GAUCHE, LA MAIN PROTECTRICE À L'ENTRÉE DES GRENIERS.
CI-CONTRE, LES GRENIERS VOÛTÉS SUR PLUSIEURS ÉTAGES SONT ACCESSIBLES PAR DES ESCALIERS.
À DROITE, DANS UNE VASTE ÉTENDUE SEMI-DÉSERTIQUE DE LA TUNISIE SAHARIENNE, L'ÉPERON OÙ S'ÉLEVAIT LE *KSAR* MOURABTINE (À GAUCHE) ET SOUS LEQUEL ON DEVINE LES ENTRÉES DE MAISONS TROGLODYTIQUES ; LE *GHORFA*, LUI, A SUBSISTÉ (À DROITE).
EN DÉPLIANT, LE *GHORFA* A L'ASPECT D'UN FORTIN.

GORÉE

UN FORT TÉMOIN DE LA COLONISATION

SÉNÉGAL

L'île de Gorée, sur la côte du Sénégal, est découverte en 1444 par le Portugais Dinis Diaz. Après les Portugais, les Hollandais s'emparent de l'île. Ils en sont chassés par les Français et l'amiral d'Estrées en 1677. Jusqu'en 1815, les Français et les Anglais se disputeront l'île, qui restera ensuite française jusqu'en 1960, date de l'indépendance du Sénégal. Le fort d'Estrées est construit, de 1852 à 1856, pour protéger ses abords à la pointe nord de l'île.
Dès la découverte du Nouveau Monde par Christophe Colomb, le site est un important point d'embarquement des esclaves noirs vers les Antilles, le Brésil et les colonies américaines. Du XVIe au XIXe siècle, onze millions d'Africains seront expédiés par les trafiquants de ce que l'on nomme alors pudiquement le « bois d'ébène ». Plus résistants que les Indiens d'Amérique, ils sont affectés aux durs travaux des mines et à la monoculture du sucre. Passé la porte des centres de détention de Gorée, les esclaves ne sont plus des êtres humains… ils deviennent une « marchandise ».
Un marché triangulaire s'organise, avec des navires qui quittent les ports européens remplis de pacotille. Sur la côte africaine, elle est échangée contre des lots de trois cents à quatre cents Noirs préalablement razziés dans les villages de l'intérieur par les dynastes locaux. Amenés à Gorée, hommes et femmes sont entassés dans une promiscuité effroyable sous les ponts des navires. Il y aura durant la traversée 10 à 15 % de mortalité. La « marchandise » qui arrive à bon port est échangée contre les produits autochtones (or, argent, épices) que les navires rapportent en Europe.

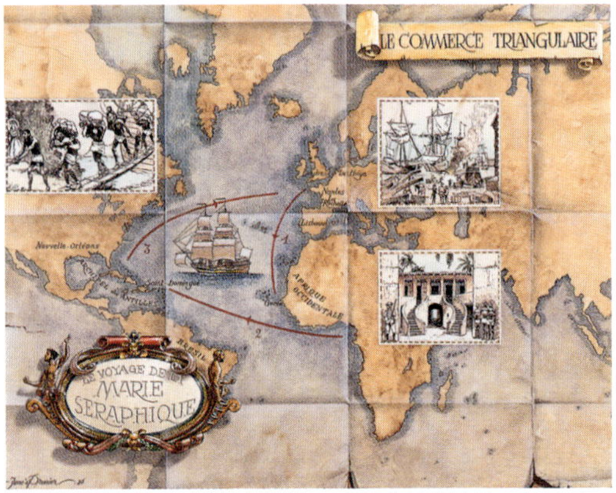

À GAUCHE, CARTE DES VOIES MARITIMES SUIVIES PAR LES « NÉGRIERS » PRATIQUANT LA TRAITE : LE FAMEUX COMMERCE TRIANGULAIRE.
CI-CONTRE, L'ENTRÉE DU FORT D'ESTRÉES, AUJOURD'HUI MUSÉE HISTORIQUE.
À DROITE, LA PETITE ÎLE DE GORÉE ET SON PORT OÙ L'ON EMBARQUAIT LE « BOIS D'ÉBÈNE » : LE PRÉCIEUX TRAFIC EXIGE DES FORTINS, IL Y EN A EU D'AUTRES AVANT LE FORT D'ESTRÉES.
EN DÉPLIANT, LE FORT SUR LA POINTE NORD DE L'ÎLE QUE SURMONTENT DES CANONS DISPOSÉS SUR LE TOIT.

Baignée par les eaux froides du Pacifique, la *Isla de los Alcatraces*, l'« île aux Pélicans », rocher nu de 600 m de long et de 150 m de large, dans la baie de San Francisco, est découverte par les Espagnols en 1775. Elle était, semble-t-il, inhabitée, bien qu'en 1969 des tribus indiennes en aient revendiqué la possession.

En 1848, l'île d'Alcatraz est cédée par le Mexique aux jeunes États-Unis qui, dès 1853, en font une base militaire dotée de cent canons. Ils y construisent un grand bâtiment de garnison. Dès 1861, les difficultés d'entretien de la troupe – absence d'eau, en particulier, et obligation de tout importer par bateau – font que cette citadelle est transformée en prison militaire de sinistre mémoire, destinée aux prisonniers politiques... La structure en béton armé et en acier grillagé des quartiers cellulaires, achevés en 1911, répond aux normes des pénitenciers américains. Les cellules individuelles de 1,5 m sur 3 m sont aménagées de telle sorte qu'aucun mur ni plafond ne donne sur l'extérieur. C'est une véritable forteresse dont nul ne doit sortir.

De 1934 à 1963, Alcatraz devient un pénitencier fédéral de haute sécurité, qui abrite plus de mille prisonniers, dont le célèbre Al Capone ainsi qu'Alvin Karpis, l'« ennemi public n° 1 ». On prétend que toute évasion est impossible. Pourtant quelques prisonniers tentent le tout pour le tout ; ils sont alors repris ou tués. Seules cinq tentatives pourraient avoir réussi. Mais on ne revit jamais ces évadés : les eaux froides, les requins et les violents courants ont peut-être eu raison d'eux.

En 1972, l'île devient une réserve naturelle, et la prison un des monuments les plus visités des États-Unis.

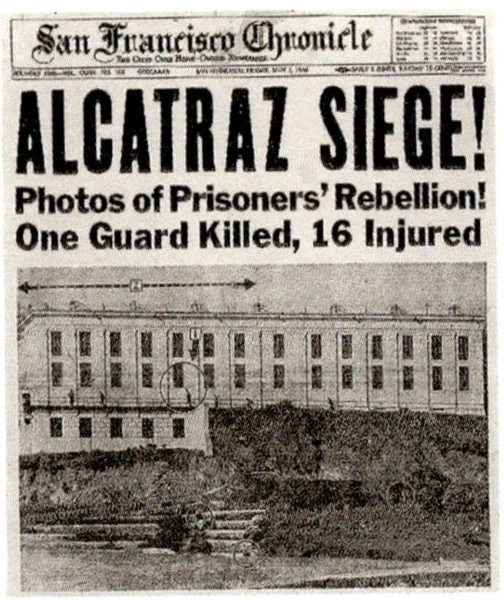
San Francisco Chronicle

ALCATRAZ SIEGE!

Photos of Prisoners' Rebellion!

One Guard Killed, 16 Injured

À GAUCHE, PAGE DE TITRE DU *SAN FRANCISCO CHRONICLE* LORS DE LA SANGLANTE TENTATIVE D'ÉVASION DU 3 MAI 1946.

CI-CONTRE, UN MIRADOR DU PÉNITENCIER D'ALCATRAZ, CONSIDÉRÉ COMME LE PLUS DUR DES ÉTATS-UNIS.

À DROITE, LES 9 HA ISOLÉS PAR LES COURANTS DU PACIFIQUE ACCUEILLAIENT LES CRIMINELS LES PLUS DANGEREUX.

EN DÉPLIANT, AU LARGE DE SAN FRANCISCO, ALCATRAZ, SURNOMMÉ LE « ROCHER », A SUSCITÉ DE NOMBREUX FILMS ET ATTIRE JUSQU'À UN MILLION DE VISITEURS PAR AN.

LES BUNKERS DU CAP-FERRET

FRANCE

Pour protéger les conquêtes du régime nazi durant la seconde guerre mondiale, l'armée allemande a réalisé, dans toute l'Europe, un formidable ensemble de fortifications de béton, et en particulier le Mur de l'Atlantique le long du littoral. Sur 5 000 km de côte, de la mer du Nord, de la Manche et de l'Atlantique, elle a bâti quinze mille ouvrages entre 1942 et 1944, pour décourager tout débarquement des forces alliées.
Au Cap-Ferret et sur les 300 km de rivage de la Charente-Maritime, ce ne sont pas moins de cinq cent soixante ouvrages fortifiés qui sont édifiés par l'organisation Todt, l'état-major technique de la Wehrmacht, soit 400 000 m^3 de béton. La rapidité d'exécution de cet énorme programme a été possible grâce à une main-d'œuvre comptant des milliers de prisonniers et de déportés et surtout grâce à des plans types et à une préfabrication industrielle. Finalement ces fantastiques défenses n'ont subi aucun assaut : seule l'érosion des côtes par la houle a eu raison de ces casemates indestructibles, dont les « monolithes » ont basculé sur le sable de la plage, présentant une pathétique image de carapaces vides et inutiles.
Des simples levées de terre aux plus grands châteaux médiévaux, l'architecture de défense s'est élevée de plus en plus haut, avant de s'abaisser et s'enterrer avec l'apparition de l'artillerie, des boulets de fer et des obus explosifs, puis de se couvrir de béton armé et de blindages pour ne pas donner prise à la mitraille et aux bombes. La poliorcétique a suivi une constante évolution, dont les derniers développements démontrent dramatiquement la vanité.

À GAUCHE, FACE À L'OCÉAN, DES SOLDATS ALLEMANDS DANS UN BUNKER EN 1943.
CI-CONTRE, AU CAP-FERRET, DES CARCASSES DE FORTS PRÉFABRIQUÉS, TOMBÉS DE LA DUNE, JONCHENT LA PLAGE.
À DROITE, UN PUISSANT BUNKER, À COUVERTURE DE BÉTON ARMÉ ÉPAISSE DE 2 M, AVEC SES TOURELLES DE TIR, GÎT AU BORD DE L'ATLANTIQUE.
EN DÉPLIANT, BATTERIES, BUNKERS, POSTES DE LUTTE ANTIAÉRIENNE ET D'OBSERVATION SONT ÉCHOUÉS SUR LA PLAGE DU CAP-FERRET.

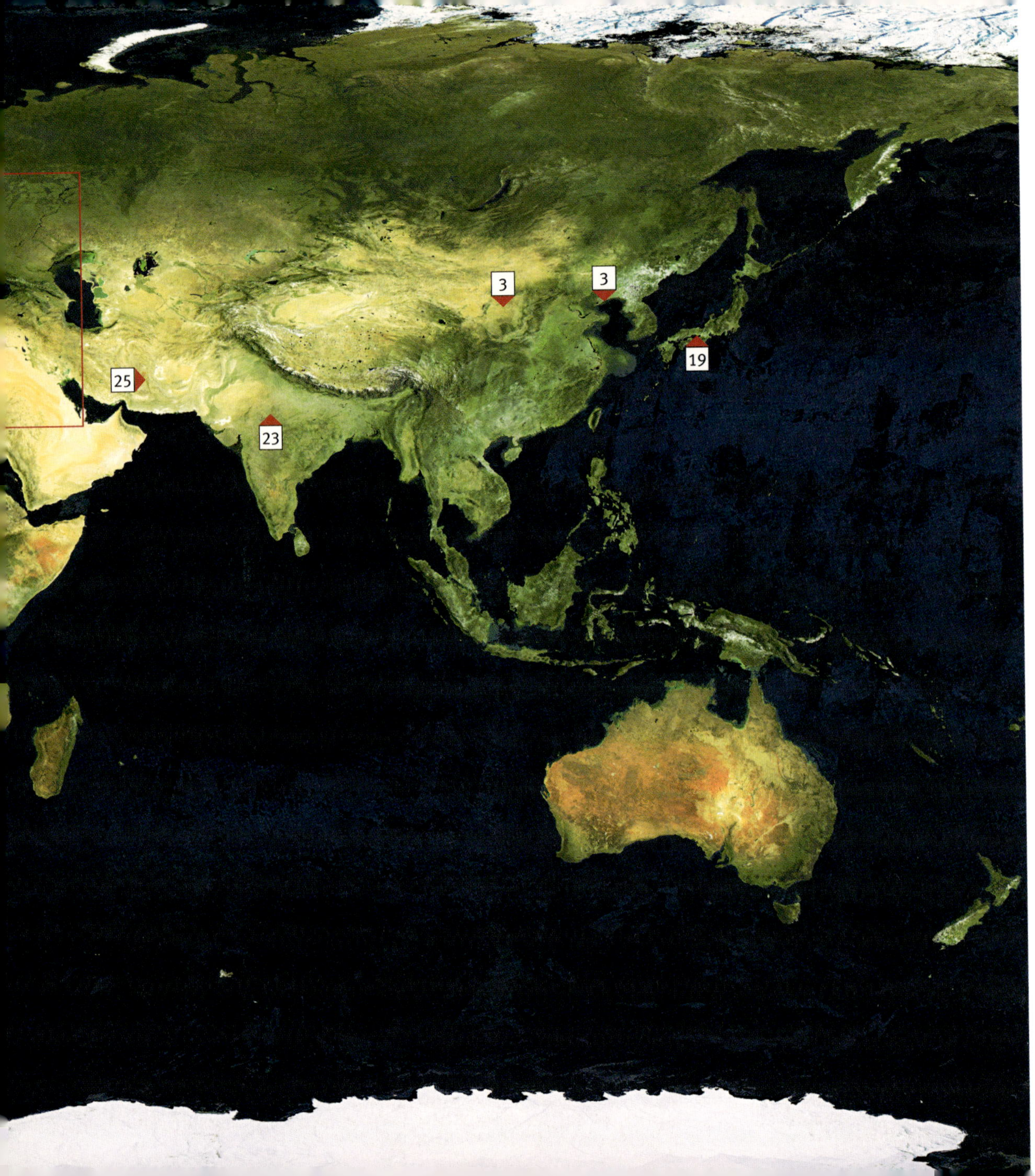

1 DÙN AENGUS

2 ÆGOSTHÈNE

3 LA GRANDE MURAILLE

4 MASADA

5 ZENOBIA

6 KRAK DES CHEVALIERS

7 LA CITADELLE D'ALEP

8 CASTEL DEL MONTE

9 CARCASSONNE

10 LA TOUR DE LONDRES

11 CAERPHILLY

12 PARAMONGA

13 DUBROVNIK

14 MALBORK

15 ALMODÓVAR DEL RIO

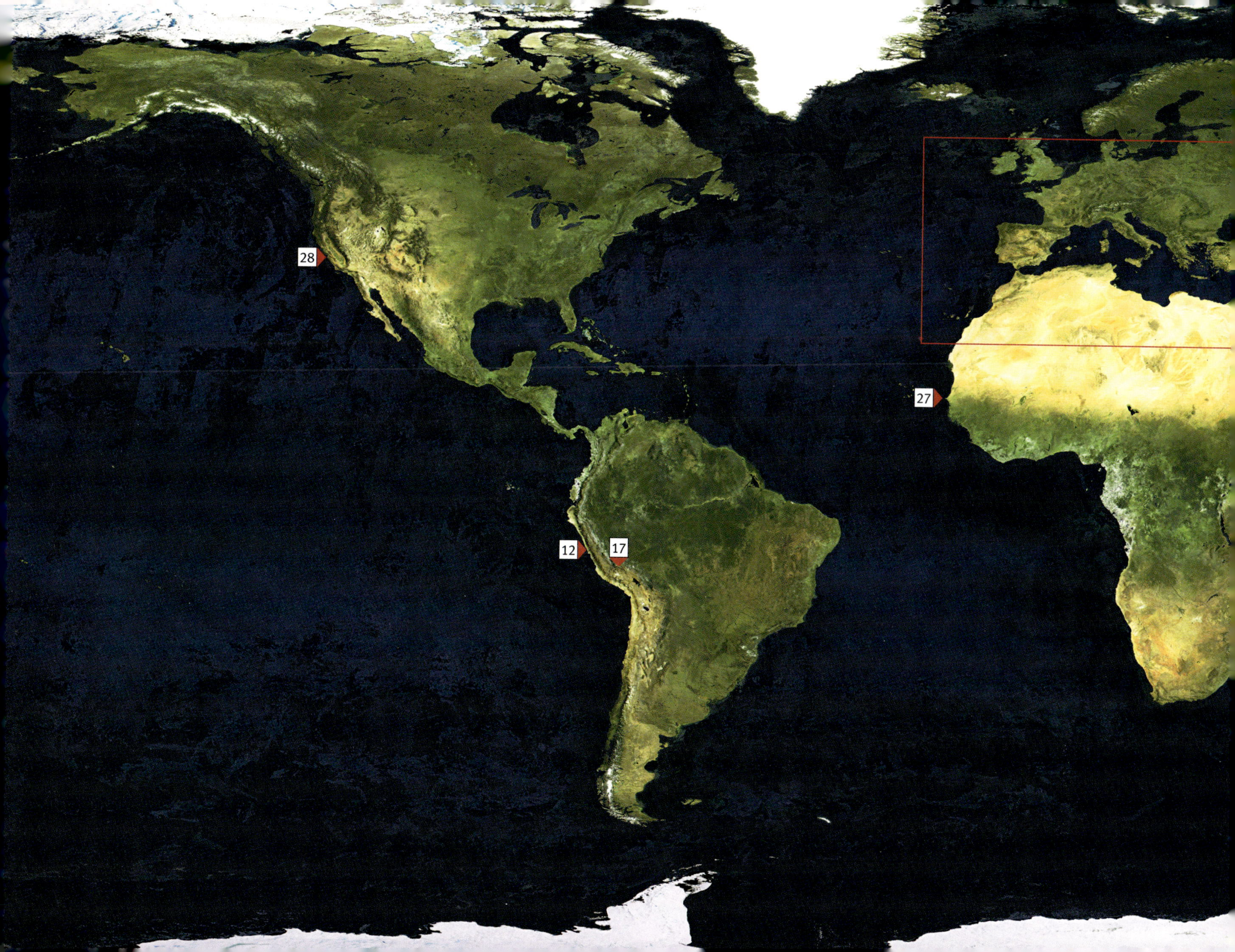
28
27
12
17

Les premières photos aériennes sont généralement dues à des militaires, seuls autorisés à survoler les territoires. Le Krak des Chevaliers est ici photographié, en 1940, par l'armée française qui occupait alors la Syrie. © ECPAD, Paris.

CRÉDITS PHOTOGRAPHIQUES

Les numéros font référence aux photos suivant leur emplacement.
En ouverture, de gauche à droite : 1, 2, 3.
Le dépliant : 4.

Couverture
Castel del Monte. © Guido Alberto Rossi/Altitude, Paris.

Dos
Fortifications, in *L'art de la guerre* de Taccola, 1449. © Archives Gallimard.

Dùn Aengus
1 W. Forman/Corbis, Paris.
2 Tim Thompson/Corbis, Paris.
3 Yann Arthus-Bertrand/Altitude, Paris.
4 Gérard Sioen/Rapho, Paris.

Ægosthène
1 Archives Gallimard, UdF.
2 et 3 Henri Stierlin, Genève.
4 Georg Gerster/Rapho, Paris.

La Grande Muraille
1 Archives Gallimard.
2 Georg Gerster/Rapho, Paris.
3 Roland Michaud/Rapho, Paris.
4 Georg Gerster/Rapho, Paris.

Masada
1 Archives Gallimard.
2 Hanan Isachar/Corbis, Paris.
3 Hélène Hiscocks/Altitude, Paris.
4 Georg Gerster/Rapho, Paris.

Zenobia
1 et 2 Henri Stierlin, Genève.
3 Mohamad Al Roumi.
4 Georg Gerster/Rapho, Paris.

Krak des Chevaliers
1 Archives Gallimard.
2 Henri Stierlin, Genève.
3 et 4 Georg Gerster/Rapho, Paris.

La citadelle d'Alep
1 Archives Gallimard.
2 Henri Stierlin, Genève.
3 et 4 Georg Gerster/Rapho, Paris.

Castel del Monte
1 Archives Gallimard.
2 et 3 Georg Gerster/Rapho, Paris.
4 Guido Alberto Rossi/Altitude, Paris.

Carcassonne
1 Archives Gallimard.
2 et 3 Bruno Cusa/09 27 Productions.
4 Georg Gerster/Rapho, Paris.

La Tour de Londres
1 Tim Graham/Corbis, Paris.
2 David Paterson/Wild Country/Corbis, Paris.
3 et 4 Yann Arthus-Bertrand/Altitude, Paris.

Caerphilly
1 Historical Picture Archive/Corbis, Paris.
2 Neil Beer/Corbis, Paris.
3 et 4 Jason Hawkes, Londres.

Paramonga
1 et 2 Henri Stierlin, Genève.
3 et 4 Georg Gerster/Rapho, Paris.

Dubrovnik
1 Archives Gallimard.
2 Ruggero Vanni/Corbis, Paris.
3 et 4 Yann Arthus-Bertrand/Altitude, Paris.

Malbork
1 Archives Gallimard.
2 Manfred Gottschalk/AGE Fotostock/Hoa-Qui, Paris.
3 et 4 Bruno Cusa © UER.

Almodóvar del Rio
1 Archives Gallimard.
2 Doug Scott/Hoa-Qui, Paris.
3 Georg Gerster/Rapho, Paris.
4 Guido Alberto Rossi/Altitude, Paris.

Haut-Kœnigsbourg
1 Archives Gallimard.
2, 3 et 4 Stéphane Compoint, Paris.

Sacsahuamán
1 Archives Gallimard.
2 Henri Stierlin, Genève.
3 et 4 Yann Arthus-Bertrand/Altitude, Paris.

Salses
1 Archives Gallimard.
2 Catherine Bibollet/Top, Paris.
3 et 4 Bruno Cusa/09 27 Productions.

Himeji
1 Coll. part./Dominique Rivolier.
2 Henri Stierlin, Genève.
3 Georg Gerster/Rapho, Paris.
4 Yann Arthus-Bertrand/Altitude, Paris.

Castel Sant'Angelo
1 Archives Gallimard.
2 Doug Scott/Hoa-Qui, Paris.
3 Guido Alberto Rossi/Altitude, Paris.
4 Georg Gerster/Rapho, Paris.

La Valette
1 Archives Gallimard.
2 et 3 Henri Stierlin, Genève.
4 Bruno Cusa © UER.

Blaye
1 Dominique Arnaudet/RMN, Paris.
2 Philippe Roy/Hoa-Qui, Paris.
3 et 4 Franck Lechenet.

Amber
1 Henri Stierlin, Genève.
2 Bob Krist/Corbis, Paris.
3 et 4 Yann Arthus-Bertrand/Altitude, Paris.

La forteresse Pierre-et-Paul
1 Musée de l'Ermitage/Archives Gallimard.
2 Wolfgang Kaehler/Corbis, Paris.
3 et 4 Stéphane Compoint, Paris.

Bam
1 Thierry Ollivier/RMN, Paris.
2 et 3 Michael Yamashita/Rapho, Paris.
4 Georg Gerster/Rapho, Paris.

Mourabtine
1 et 2 Nicolas Fauqué, Tunis.
3 et 4 Yann Arthus-Bertrand/Altitude, Paris.

Gorée
1 Jame's Prunier/Gallimard.
2 et 3 Michel Renaudeau/Hoa-Qui, Paris.
4 Yann Arthus-Bertrand/Altitude, Paris.

Alcatraz
1 Archives Gallimard.
2 Bettmann/Corbis, Paris.
3 et 4 Jim Wark/Altitude, Paris.

Le Mur de l'Atlantique
1 AKG-images, Paris.
2 Philippe Roy/Hoa-Qui, Paris.
3 et 4 Éric Guillemot.

Planisphère
Vue générale et détail de la Terre pris par le satellite européen Envisat MERIS en décembre 2004 © ESA.

Henri Stierlin, historien de l'art et de l'architecture, auteur de nombreux livres d'art, journaliste, photographe, éditeur, producteur et réalisateur pour la radio et la télévision suisse romande, se définit lui-même comme comparatiste des grandes civilisations.
S'efforçant de donner aux espaces et au décor une interprétation qui en renouvelle le sens, il recourt sans cesse à l'image photographique, considérée comme instrument de connaissance, pour conforter sa lecture des sites.

L'éditeur remercie pour leur disponibilité et leur aide
Bruno Cusa, Elisabeth Eulry, Nicolas Fauqué, Georg Gerster,
Kathleen Grosset, Isabelle Lechenet, Patrizia Tardito.

Responsable de collection : Élisabeth de Farcy
Direction artistique : Alain Gouessant
Édition : Charlotte Ecorcheville
Maquette : Hélène Arnaud
Iconographie : Claire Balladur
Correction : Pierre Granet et Marianne Ganeau
Photogravure : Arciel Graphic

14
20
13
8
2
7
21
5
6
26
4

1
11
10
16
22
29
9
18
15